PSICO LOGIA MODO DE USAR

Mariangela Blois

PSICO LOGIA MODO DE USAR

Como a terapia ajuda a compreender os dilemas, os dramas e as alegrias da vida

© 2024 - Mariangela Blois
Direitos em língua portuguesa para o Brasil: Matrix Editora
www.matrixeditora.com.br
⊙/MatrixEditora | ⊙ @matrixeditora | ⊙ /matrixeditora

Diretor editorial
Paulo Tadeu

Capa, projeto gráfico e diagramação
Patricia Delgado da Costa

Revisão
Josiane Tibursky
Silvia Parollo

CIP-BRASIL - CATALOGAÇÃO NA PUBLICAÇÃO
SINDICATO NACIONAL DOS EDITORES DE LIVROS, RJ

Blois, Mariangela
Psicologia: modo de usar / Mariangela Blois. - 1. ed. - São Paulo: Matrix, 2024.
136 p.; 23 cm.

ISBN 978-65-5616-432-8

1. Psicologia. 2. Saúde mental. 3. Técnicas de autoajuda. I. Título.

24-88024   CDD: 158.1
                    CDU: 159.947

Gabriela Faray Ferreira Lopes - Bibliotecária - CRB-7/6643

SUMÁRIO

AGRADECIMENTOS 11

PREFÁCIO 15

INTRODUÇÃO 17

1. A DESCOBERTA DO SEXO E AS PAIXONITES AGUDAS............. 27

2. QUE SEJA INFINITO ENQUANTO DURE 35

3. TRAIÇÃO: DESLIZES E CICATRIZES ENTRE HISTÓRIAS DE AMOR 41

4. VELHICE SEM PRECONCEITO 49

5. CABEÇAS E CORAÇÕES *IN VITRO*: AS AGRURAS DA FIV......... 55

6. É IMPOSSÍVEL SER FELIZ SOZINHO 61

7. ESPELHO, ESPELHO MEU 67

8. OBESIDADE NA ERA DA GORDOFOBIA 73

9. OS QUE VIVEM NA TERRA DO NUNCA 81

10. QUANDO A ANSIEDADE É UM PROBLEMA 87

11. DEPRESSÃO: NA DITADURA DA FELICIDADE,
ESSE É O MAL DO SÉCULO 93

12. BURNOUT NÃO É CANSAÇO 101

13. CORAÇÃO SOB PRESSÃO 107

14. BORA PRA FESTA? 115

15. ESSA TAL PSICO-ONCOLOGIA 119

EPÍLOGO: PARA TODO PROBLEMA HÁ SOLUÇÃO............... 129

O paradoxo curioso é que quando eu me aceito como eu sou, então eu mudo.

Carl Rogers

*Dedico este livro aos cinco homens que me mostraram
o amor que existe dentro de mim.*

*Aos meus filhos André, Guilherme e Lucca, com todo o meu
amor – incondicional, como vocês me ensinaram, cheio de infinita
paciência (hahaha), confiança irrestrita e acolhimento mútuo.
Sinto-me completamente sortuda por ter filhos do bem,
inteligentes, divertidos... Sem dúvida, vocês me ajudaram
a ser a profissional que me tornei.*

*Ao meu pai, Valentim Blois, a quem agradeço imensamente
por sempre ter sido um homem à frente do seu tempo.
Desde cedo, ele me incentivou a estudar e a superar meus
próprios limites. Mostrou-me que nada nos impede
de sonhar e fazer. E esteve ao meu lado em todos
os momentos da minha vida, aplaudindo as conquistas
e dando apoio irrestrito nas dificuldades.
Obrigada, pai.*

*E também ao meu amado Luiz Bortolotto, que me mostrou
que o amor pode aparecer quando menos se espera, dar força
quando estamos exaustos, cuidar e proteger, ser divertido e
tornar tudo muito mais leve, e que também me provou que
não existe idade para gargalhadas e romantismo.*

O amor é lindo, sempre. Sempre.

*Todo o meu orgulho e admiração por vocês.
Amo-os. Agora e eternamente.*

AGRADECIMENTOS

São muitos aqueles que direta ou indiretamente participaram deste livro. Agradeço aos meus pacientes por confiarem em mim como sua psicóloga e, assim, podermos fazer juntos o processo de autoconhecimento.

Agradeço aos meus colegas médicos — tenho o privilégio de sempre trabalhar com os melhores profissionais em suas áreas, todos referência no Brasil, alguns deles referência internacional. Além de excelentes profissionais, são seres humanos incríveis que sabem acolher cada paciente. Atendo algumas pessoas que tiveram suas vidas salvas por eles.

O cardiologista Dr. Fábio Fernandes, por exemplo, descobriu uma cardiopatia em um dos meus pacientes que só piorava e ninguém chegava ao diagnóstico. Dar cura e esperança a quem não acredita em mais nada é algo que não tem preço. E ele é um profissional notável: obstinado, busca a solução para cada problema, para cada queixa de um paciente, para cada novo desafio.

Outro de meus pacientes tinha uma queixa na língua e esperava resolvê-la no dentista. Dr. Flavio Hojaij, cirurgião de cabeça e pescoço, descobriu que era câncer — e salvou a vida desse homem de 39 anos. Sua experiência fez toda a diferença, é claro. Mas não só isso: é seu olhar humano que, atento, consegue perceber o que não vai bem no paciente. Médicos assim são imprescindíveis.

Não me esqueço também da atuação do cirurgião oncológico Dr. Arnaldo Urbano Ruiz. Um de meus pacientes, um jovem de 20 anos, já tinha passado por cinco procedimentos cirúrgicos sem sucesso. Dr. Arnaldo topou o desafio, fez uma nova cirurgia extremamente delicada e longa. E hoje esse jovem está curado.

E o que dizer dos inúmeros exemplos de pacientes hipertensos, angustiados, com a pressão nas alturas e com medo de terem um infarto ou AVC? Hoje conseguem ter uma vida mais calma e com a pressão mais controlada porque são acompanhados de perto pelo cardiologista Dr. Luiz Bortolotto.

Quero ressaltar aqui, ainda, o trabalho sempre incrível da endocrinologista Dra. Ana Paula Costa, porque muitos chegaram a meu consultório com diversas queixas de mal-estar, sem esperança, cansados, submetidos a dietas malucas — e foi ela que proporcionou que essas pessoas reencontrassem o equilíbrio. Entre eles, alguns descobriram que tinham problemas, como diabetes ou mau funcionamento da tireoide, e ninguém havia diagnosticado isso antes corretamente.

Muitos de meus pacientes só conseguiram mudar completamente de vida, recuperando a autoestima e a qualidade de vida, eliminando riscos físicos e emocionais, após serem operados pelo Dr. Marcelo Salem, referência em cirurgia bariátrica.

Rendo-me em elogios ao Dr. Táki Cordás, psiquiatra que acolhe a todos de forma especial — alguns já calejados pela peregrinação em diversos especialistas que não lhes agradaram. Dr. Táki é o médico e o ser humano que transforma vidas. Não passa só a medicação, mas também conversa, se interessa pela pessoa. Como dizem meus pacientes, "ele me entende!". Porque ele se interessa profundamente pela pessoa e, com empatia, compreende sua dor.

Pedi também à minha colega psicóloga Fran Winandy, especialista em etarismo, que falasse sobre esse assunto tão importante que afeta diretamente os que têm dificuldade de lidar com o envelhecimento, que lhes causa extremo sofrimento.

Enfim, agradeço a cada profissional que dedicou um tempo para participar deste livro. Sei que vocês, por serem especiais, costumam não ter muitas brechas em suas agendas. De qualquer forma, sei que são pessoas muito humanas e, por isso, costumam aceitar pedidos assim com carinho e vontade de compartilhar conhecimento.

Minha gratidão ao jornalista Edison Veiga, outro que vive sem tempo: é correspondente na Eslovênia e, mesmo com duas guerras acontecendo ao mesmo tempo, conseguiu dedicar parte de suas horas para que este livro existisse, me ajudando a transformar em palavras escritas minhas histórias, ideias, reflexões e pensamentos.

E agradeço a meu editor, pela eterna paciência e compreensão. A cada vez que eu falava para ele que o livro estava pronto, eu me lembrava que havia algo a mais para acrescentar. Obrigada, Paulo.

Somos todos sem tempo porque, felizmente, temos bom reconhecimento profissional. Por isso, trabalhamos muito. Mas também sabemos arrumar tempo para ajudar uns aos outros em um livro que, tenho certeza, ajudará muita gente.

Este é meu propósito, meu principal objetivo: alcançar muitas pessoas, mostrar que não estão sozinhas em sua dor e que existe tratamento.

A todos, minha eterna gratidão.

A autora

PREFÁCIO

Mariangela me pediu um prefácio. Mas, afinal, quem lê prefácio? Talvez ninguém. Todos temos a volúpia de ir direto ao livro, e esta obra merece ser rapidamente iniciada, com a mesma urgência que um dia sentimos a necessidade de que alguém nos ouvisse, olhasse, falasse.

Ela me disse certa feita: "Eu não sou uma psicóloga que mantém distância, que quase não fala, não ri, não se emociona". Alguém não iniciado em terapia diria: "Mas no encontro entre duas pessoas, isso não seria natural?".

Deveria ser, sim. Mas nem sempre esse diálogo é marcado pela presença da pessoa do terapeuta. Por vezes, uma técnica inflexível exige seu silêncio e seu distanciamento. A tela de projeção do outro, sem me mostrar. Eu diria, como paciente: "Silêncio e distanciamento já tenho em casa, já existe em minha dor".

Em seu livro, Mariangela mostra, com riqueza de detalhes e exemplificando com clareza, que o encontro terapêutico é de duas pessoas inteiras. Apenas quando o terapeuta se mostra como é e o outro também se mostra sendo quem é — de fato, sem temores —, abre-se a ponte do diálogo, da empatia, do respeito e da ajuda.

Diferentes trabalhos em terapia evidenciam que, independentemente da linha do terapeuta, um dos mais sólidos preditores de boa resposta a uma psicoterapia é o sentimento de parceria, de colaboração entre as duas partes. Isso é habitualmente chamado de aliança terapêutica.

Outras qualidades que definem um bom terapeuta, evidenciadas em pesquisas internacionais sobre psicoterapias, incluem a clareza na comunicação verbal e não verbal; o sentimento de segurança na habilidade do terapeuta e em sua formação; e o sentimento de que o terapeuta acredita realmente na possibilidade de melhora de seu paciente.

Outra particularidade bastante reportada como sendo positiva é a flexibilidade do terapeuta em adaptar-se às características individuais de seu paciente. Um grande número de estudos na área mostra que determinados sintomas ou queixas evoluem melhor com técnicas diferentes; assim, um esquema teórico rígido, um *one size fits all* ("uma medida serve para todos"), não é a melhor maneira de ajudar alguém.

É possível facilmente perceber a presença de uma grande terapeuta nas páginas deste livro. Mariangela é psicóloga desde 1989, com sólida formação em terapia comportamental, psicanálise e psico-oncologia, sendo membra da Sociedade Brasileira de Psico-Oncologia (SBPO) e da International Psycho-Oncology Society (IPOS).

Nos diferentes capítulos em que são abordados casos clínicos de seu consultório, é possível perceber o engenho e a arte de uma grande profissional. No final do livro, Mariangela traz um grupo de médicos e professores de primeira linha para falar um pouco de suas áreas de atuação: Fábio Fernandes, Arnaldo Urbano Ruiz, Flavio Hojaij, Ana Paula Costa, Marcelo Salem e Luiz Bortolotto.

Não preciso desejar-lhes uma boa leitura. Sei que ela será ótima. E muito esclarecedora.

Prof. Dr. Táki Athanássios Cordás

Coordenador da Assistência Clínica do Instituto de Psiquiatria do HCFMUSP;
Coordenador do Programa de Transtornos Alimentares do IPQ-HCFMUSP;
Professor dos Programas de Pós-Graduação do Departamento de Psiquiatria da USP,
do Programa de Neurociências e Comportamento do Instituto de Psicologia da USP
e do Programa de Fisiopatologia Experimental da FMUSP.

INTRODUÇÃO

Este livro é também para quem nunca fez terapia. Porque eu sei que há dúvidas e barreiras que terminam por afastar muitas pessoas do consultório psicológico. Em meus mais de trinta anos de carreira, passei pela fase que terapia era vista como "frescura de quem não tem mais o que fazer" e pelo período em que minha clientela era formada basicamente por professores, alunos universitários e profissionais de humanidades — ir ao psicólogo era tachado como algo intelectualizado. Já tive pacientes que claramente faziam terapia por *status*, porque queriam alardear para os outros. E já ouvi de muitos a balela de que "eu não preciso de terapia, porque terapia é coisa para quem tem problema na cabeça".

Questionamentos na cabeça todos temos, e muitos. Mas não é para isso que serve o trabalho da psicologia.

A pandemia de covid-19 mexeu com tudo e também mostrou que fazer terapia não é nada daquilo que se falava. Fazer terapia passou a ser encarado como um autocuidado — da mesma maneira que todos nós fazemos *check-ups* periódicos com nosso médico e vamos ao dentista regularmente, precisamos incorporar a rotina de sessões para nos ajudar a viver melhor.

Tão grande passou a ser a importância da psicologia no dia a dia das pessoas que até mesmo os planos de saúde, que antes limitavam as sessões, agora as reembolsam sem questionamento. Um dos legados do duro momento pandêmico parece ter sido o entendimento de que sofrimento emocional não é brincadeira e precisa ser tratado com seriedade.

Mas como começar? Como chegar a um psicólogo ou uma psicóloga? Como dar esse primeiro passo em busca de um conforto emocional?

É com muita autoconfiança que eu digo que não sou a melhor psicóloga do mundo. Não porque me falte a certeza do quanto me preparei e me preparo para conseguir atender bem, mas porque não existe o psicólogo incondicionalmente perfeito. A qualidade do profissional é relativa: depende do paciente. Eu posso ser a melhor psicóloga do mundo para meus pacientes, mas é porque há conexão entre a gente. Não é todo mundo que vai gostar da maneira como eu trabalho — e também posso não querer tratar algum paciente em especial. E tudo bem.

Assim, o primeiro passo importante é a indicação. Mas a escolha de um psicólogo para suas sessões de terapia não termina aí, porque, às vezes, aquele amigo ou aquele profissional da saúde que fez a recomendação se adapta a um processo que não é exatamente o mesmo que o seu.

Então é preciso fazer a primeira sessão (uma entrevista, na verdade), que serve justamente para saber se há empatia nessa relação. Não fique constrangido se não gostar — o paciente não é obrigado a gostar do terapeuta, e essa relação precisa ser construída com intimidade e confiança, não pode já começar errado. Por isso eu digo: faça quantas entrevistas forem necessárias, com quantos profissionais você achar que precisa, até bater o martelo e decidir quem será seu terapeuta.

E o contrário também é válido. Como psicóloga, preciso ir com a cara daquela pessoa, gostar de meu paciente. Senão, não vou conseguir fazer um trabalho bom. Claro que, quando ocorre essa negativa de minha parte, sei como agir e encaminhar para um colega. Não sou freudiana, mas Freud dizia que a terapia é a cura pelo amor. Então estamos falando sobre uma relação amorosa, e você não consegue manter uma relação amorosa com uma pessoa se não foi com a cara dela.

"Dar *match*"

Não é qualquer um que pode atuar como terapeuta, apesar de hoje em dia existirem muitos por aí que, sem terem estudado, simplesmente mandam imprimir um cartão de visita com informações pomposas e cravam a palavra "terapeuta" logo abaixo do nome. Para se tornar psicoterapeuta, é preciso passar no vestibular, cursar pelo menos cinco anos de faculdade, se formar, obter um registro no Conselho Regional de Psicologia — que dá as normas, as regras e cuida também para que todos atuem com ética profissional.

Quem não passa por esse percurso todo vai fazer o que der na telha. E isso pode ser nocivo para o paciente — que nem vai ter para quem reclamar, já que o dito profissional nem é registrado em um conselho profissional. Há aqueles que parecem querer inventar sua própria teoria terapêutica. Vale ressaltar: a psicoterapia é uma ciência e, como tal, é ensinada a partir de um curso superior universitário. E os bons profissionais, é claro, seguem estudando e se aprimorando pela vida toda.

Vou abrir parênteses necessários aqui. Durante a graduação, estudamos também neurologia e neuroanatomia. Sabe por quê? Bem, uma pessoa com tumor no cérebro pode apresentar mudanças de comportamento, ficar agressiva e ter dificuldade para se comunicar e, pensando ter um problema psicológico, vir ao consultório — precisamos saber diferenciar um problema emocional de uma doença física.

Da mesma maneira, aprendemos psicofarmacologia para entender a medicação indicada para problemas psíquicos. Porque se um paciente está tomando medicamentos prescritos pelo psiquiatra ou até mesmo para tratar alguma outra doença do organismo, temos de entender se há efeitos esperados — ou colaterais — que podem provocar variações de humor, por exemplo, além, é claro, de ser importante entender para que serve cada remédio.

Há várias linhas, várias abordagens teóricas, por isso é um curso universitário que dura cinco anos. Costumo brincar que um médico leva seis anos para entender o corpo inteiro da pessoa, e nós passamos cinco só para estudar a cabeça.

Como são diversos os métodos, isso também é importante no processo de escolha. Cada paciente tende a preferir um estilo, uma abordagem, uma maneira de vivenciar o processo terapêutico. E quem tem de escolher o profissional é aquele que busca o tratamento.

A experiência e a capacitação profissional obtida por meio de cursos, especializações e atualizações fazem um bom terapeuta. Embora trabalhe com psicologia cognitivo-comportamental, às vezes percebo que uma fala do paciente permite uma intervenção baseada na psicanálise, ou posso usar uma técnica de psicodrama em uma ocasião específica. As ferramentas são muitas, e é preciso que o profissional saiba usá-las.

Eu posso aplicar um teste projetivo quando estou fazendo um laudo psicológico porque estudei para isso. Psicólogos fazem documentos como laudo psicológico, atestado e parecer psicológico. Quando o faço, esses documentos são carimbados com meu nome e o número do meu CRP (Conselho Regional de Psicologia). Existe uma responsabilidade profissional, de uma profissão da área da saúde, na qual um profissional não capacitado pode trazer prejuízos ao paciente.

Alguns de meus pacientes passaram por mais de oito entrevistas até chegarem a meu consultório e aí "dar match" — para citar uma expressão muito usada hoje em dia. Você precisa gostar da pessoa, do ambiente, até da cadeira da sala de espera. A clínica tem de ser agradável para você. É todo um combo, porque, na terapia, vamos conversar sobre assuntos difíceis, vamos chorar e vamos dar risada — então é muito importante a escolha do lugar.

Minha sala foi pensada para dar esse conforto. Tenho sempre suco, chá, café... Alguns pacientes chegam fazendo um lanchinho. Outros jamais pediram um copo de água. Cada um, cada um. O importante é se sentir em casa.

Veja só: dentro dessa sala são faladas coisas que não são ditas em nenhum outro lugar. E pode ficar tranquilo, porque o segredo é total. Uma das premissas da psicologia é o sigilo terapêutico — se rompido, o profissional perde seu registro (há apenas duas exceções que justificam a quebra dessa confidencialidade. A primeira, se a pessoa está correndo algum risco de vida. A segunda, se ela está colocando alguém sob risco de vida. Aí precisamos agir para proteger.)

O psicólogo não é nenhum sabe-tudo. E o processo terapêutico não é um oráculo que vai lhe dar respostas prontas. Não estou em um nível superior, não sou nenhuma entidade sabichona. Eu só sei o que meu paciente me conta. Se ele não me contar, não sei de nada.

E cada profissional acaba desenvolvendo seu próprio jeito de atender também. Eu mexo a mão, falo bastante. Não caibo naquele estereótipo do psicólogo que só ouve, fica em silêncio anotando, compenetrado e sorumbático. Eu também choro, abraço, me emociono com meus pacientes. Fico no mesmo nível, faço a viagem no mesmo barco, remando na mesma direção — e sem medo de me molhar nas cachoeiras do caminho.

A primeira sessão

A única diferença entre mim e meu paciente é que eu me preparei profissionalmente para ter uma escuta diferenciada e uma fala diferenciada — é importante ressaltar esses dois pontos. Assim, posso dar um diagnóstico.

Há pacientes que não têm diagnóstico, são pessoas que buscam autoconhecimento e, consequentemente, melhor qualidade de vida. Outros são diagnosticados com patologias complexas, algumas vezes necessitando também da atuação de um psiquiatra — que pode prescrever medicamentos. Nesses casos, é importante haver uma sinergia entre os dois profissionais, o psicoterapeuta e o médico psiquiatra.

Todas essas questões estão sempre pululando na minha cabeça quando um novo paciente chega para a primeira entrevista. Se a pessoa veio por autoconhecimento ou porque estava vivenciando uma situação pontual de tristeza, luto, dificuldade, bem, talvez ela não precise de um encaminhamento.

Mas se noto que seus sintomas podem ser decorrentes de uma doença física, é necessário afastar todas essas possíveis causas — uma dor de estômago recorrente, por exemplo, pode ser de fundo emocional, pode ser algo psicossomático, mas esse paciente precisa ser encaminhado a um gastroenterologista. Costumo dizer que a melhor companheira de uma psicóloga é uma agenda com nomes de bons profissionais.

A primeira sessão é uma oportunidade de conhecimento mútuo. Alguns parecem medir as palavras e são mais contidos. Outros já trazem uma lista pronta de questões e queixas. Há aqueles que dizem que não sabem o que falar e, quando provocados, logo inauguram um monólogo de uma hora e meia.

Não é preciso ter medo. Saiba que do outro lado tem um profissional pronto para ajudar você a falar tudo que for necessário. Na psicoterapia, não existe assunto mais ou menos importante — o que vem à cabeça pode e urge ser dito. É o que a gente chama de associação livre: para mim isso é importante, porque essas coisas que "surgem do nada" são a manifestação do inconsciente. E é por meio disso que conseguimos costurar as histórias. São os famosos *insights,* que permitem à pessoa ser ela mesma.

Mas uma coisa é clara: o paciente precisa querer estar ali, precisa querer falar, precisa querer a terapia. Por princípio, não atendo ninguém que não seja o próprio a marcar a consulta. Porque se a mulher agenda para o marido, ou vice-versa, já começa tudo errado. A própria pessoa tem de querer. O começo da psicoterapia é um querer genuíno, ainda que seja só por curiosidade. Do contrário, só acontece um bate-papo, e não uma terapia. E bate-papo não precisa pagar: você tem com os amigos, no bar, na igreja, no clube, no trabalho.

A primeira consulta é só o começo do processo. Neste livro, vou contar sobre vários tipos de casos clínicos, desmistificando a terapia e, ao mesmo tempo, vou trazer exemplos que podem muito bem ser próximos de seu dia a dia. Vou apresentar casos reais — preservando as identidades dos envolvidos, é claro.

Observo que há várias questões muito comuns hoje em dia, como depressão, transtornos alimentares, luto, traição, crises de ansiedade e de pânico, problemas de relacionamento entre casados e mesmo entre namorados adolescentes... São pessoas que entram em sofrimento muito intenso, e fico muito triste quando percebo que muitas nem sequer sabem que existem profissionais que podem trabalhar para aliviar essas dores.

E todo sofrimento precisa ser respeitado, nunca subestimado. A pessoa pode estar sofrendo por um motivo que, aos olhos de outros, até parece banal. Mas aquele sofrimento, para ela, é intenso e a prejudica.

Há questões com as quais não conseguimos lidar sozinhos. E é muito bonito quando a pessoa tem consciência de que precisa de ajuda. Aí a terapia funciona. A pessoa melhora. Ela passa a viver com mais qualidade. Ninguém precisa sofrer se existe tratamento.

O processo

Ir à terapia nem sempre é fácil. Às vezes é gostoso, divertido, atiça aquela vontade de contar algo que deu certo, um momento feliz ou uma grande realização. Mas muitas vezes é difícil e dói: porque mexemos em áreas sensíveis. A reação natural a uma dor, seja por feridas físicas, seja por feridas emocionais, é o choro.

Engana-se quem pensa que chorar é sinal de fraqueza. Na verdade, é exatamente o contrário: quem está disposto a revirar suas feridas é porque quer lidar com aquilo que machuca. E cuidar dos ferimentos é sempre melhor do que ignorá-los. Eu sou muito grata a todos os que compartilham suas lágrimas comigo. Em meu consultório, nunca faltará acolhimento. Nem lencinhos.

Todos os dias, atendo pacientes que choram e outros que gargalham. Em comum, são pessoas que confiam em mim para ajudá-las a fazer os curativos necessários, revelando segredos nunca antes falados e transformando suas inquietações em palavras.

Psicologia é técnica e ciência. Mas também é empatia pelo outro e compaixão pelas dores do outro.

Em termos práticos, geralmente uma sessão dura 50 minutos. Os 10 minutos entre um paciente e outro são necessários ao profissional de psicologia — há um rito de preparação. É a hora em que precisamos finalizar internamente o paciente que saiu, além de revisitar a história e, não raras vezes, algumas anotações referentes ao paciente que vai entrar.

Existem outros métodos. Jacques Lacan, famoso psicanalista francês, podia trabalhar com sessões de 15 minutos. Cada especialização tem seu embasamento teórico para justificar a duração da sessão. Alguns profissionais chegam a interromper seus pacientes no meio de uma frase, de um pensamento, quando o relógio marca os 50 minutos. Não julgo, mas não faço isso. O importante é que paciente e terapeuta encontrem um ritmo que funcione.

Quem chega ao consultório traz um retrato instantâneo de si mesmo. Essa imagem é o ponto de partida de cada sessão. O paciente chega, se não no seu pior, certamente não no seu melhor, como diz a psicoterapeuta Lori Gottlieb. Alguns estão desesperados. Outros, na defensiva. Há os caóticos, os confusos. E os lineares, cartesianos em seus discursos, preocupados com a cronologia e em compreender as relações entre causa e consequência. Em geral, estão com um humor muito ruim.

Normalmente, o indivíduo que se senta na poltrona diante de mim tem um olhar ansioso. Quer o entendimento e, por fim, a cura. Preciso alertar: não temos a cura imediata. Precisamos de tempo para nos familiarizar com suas esperanças e seus sonhos, com seus entendimentos e seus padrões de comportamento.

Se um problema ficou incubado por muitos meses, faz sentido que eles possam precisar mais do que duas sessões para obter o alívio desejado. Aqueles que se sentem no limite costumam querer uma solução imediata. Mas não existe mágica.

É normal que os pacientes não se lembrem com clareza dos acontecimentos que querem relatar. No entanto, quase todos se lembram com muita precisão de como eles se sentiram nas situações importantes. Nós então precisamos interpretar esses retratos desfocados. E mostrar para o indivíduo angustiado que não há uma guerra interior — o caminho para a paz é declarar trégua a si mesmo.

Por que escolhemos uma profissão que exige que conheçamos diariamente pessoas infelizes, angustiadas, cáusticas? Por que temos de nos sentar com elas em uma sala, de portas fechadas e coração aberto? Porque sabemos que, ao ser escutado, orientado e cutucado, cada indivíduo consegue trazer outros enquadramentos para seus retratos instantâneos, ajustando o foco e a percepção do que está acontecendo dentro de si e à sua volta.

Esse momento é seu

Quando você começa a fazer terapia, aquele horário é seu. Eu me preparo para a sessão, leio as anotações anteriores. A grande maioria dos profissionais faz isso. Nós nos preparamos porque a sessão assim o exige. Se um paciente pede um horário que pertence a outro, não é possível disponibilizá-lo. Então, respeite o profissional que atende você. Se não puder comparecer à sessão, avise com antecedência.

Claro que imprevistos e emergências acontecem. Mas faltas são cobradas, porque quando há uma hora marcada e você não aparece e não avisa, o profissional não leu uma tese que precisava ler, não escreveu um e-mail que precisava enviar, não deu um telefonema, não comeu etc. Isso deve ser avisado e combinado no início da terapia, para que nem o paciente nem o profissional se sintam prejudicados.

Notas importantes sobre este livro

Nenhuma das doenças relatadas nas páginas seguintes é novidade — são questões que acompanham a humanidade há muito tempo. A diferença é que, no mundo contemporâneo, felizmente, mais pessoas estão buscando diagnósticos, e cada vez são mais acurados esses diagnósticos.

Por fim, um adendo: cerca de 10% de meus pacientes estão hoje sob algum tipo de tratamento oncológico, ainda que a maior parte deles tenha vindo até meu consultório por causa de outras questões — seus cânceres acabaram surgindo com o processo psicoterapêutico já em andamento. Não posso fechar os olhos a essa questão.

Sou autora do livro *Câncer sem papas na língua* (também publicado pela Matrix Editora), no qual abordei especificamente a área que chamamos de psico-oncologia — em outras palavras, como o acompanhamento psicológico pode dar mais qualidade de vida a pacientes em tratamento contra o câncer. Como neste livro que você tem em mãos eu privilegio casos de psicologia clínica, resolvi trazer a temática do câncer pelo olhar de grandes profissionais da área. Com eles, todos nós aprenderemos um pouco. Mais do que isso: por meio deles, iremos refletir sobre os impactos psicológicos desses tratamentos tão difíceis.

1

A DESCOBERTA DO SEXO E AS PAIXONITES AGUDAS

Foi-se o tempo em que o sexo ficava trancafiado naquela seçãozinha só para adultos da locadora ou no canto mais escondido da banca de revistas. Não temos como negar os fatos: hoje em dia, adolescentes já estão completamente expostos a conteúdos eróticos.

Ao mesmo tempo, o tema segue sendo um tabu. Percebo entre meus pacientes na faixa dos 13 anos que eles vivem uma realidade paradoxal: por um lado, acham que sabem sobre sexo, que conhecem sobre sexo; por outro, esbarram naquela velha história de que "na prática, a teoria é outra". Não raras vezes, quando se aventuram ou querem se aventurar, ficam angustiados. Porque estão em uma fase complexa, em que o próprio corpo é desconhecido e tudo é descoberta, inclusive o que dá e o que não dá prazer.

Vejo muitos casos em que a pessoa coloca no outro a responsabilidade pelo próprio prazer. E isso dá errado. O ideal é que cada um antes se conheça, conheça as sensações de seu corpo, para só então se permitir ser tocado por outro, vivenciar um contato mais sexualizado.

Com os hormônios à flor da pele, esses jovenzinhos e essas jovenzinhas que mal saíram da infância se confraternizam em festas que proporcionam de beijos a toques mais íntimos. Os famosos amassos. A pegação. Faz parte da idade e, claro, são experiências que podem ser vistas como uma curtição. Mas, no dia seguinte, na escola, esses mesmos personagens se reencontram e agem — ou buscam agir — como se nada tivesse acontecido.

Só que o ser humano carrega uma bagagem cultural construída ao longo de milênios. E essa racionalidade travestida de impulso costuma embalar vivências sensuais com uma cápsula de sentimento. E aí o simples ser tratado com naturalidade no dia seguinte provoca angústia. Diante de um ideal romântico, a pessoa se sente usada, objetificada.

Isso é especialmente mais intenso se as expectativas são diferentes de um lado e de outro do casal, o que, nessa idade, é muito comum. Se uma das partes beijou porque alimentava uma paixão, pode acontecer que a outra estivesse só querendo cumprir o protocolo, aumentar a quantidade de ficadas de sua coleção pessoal, tirar o BV (sigla para "boca virgem", como eles se referem a quem nunca beijou ninguém) ou o BVL ("boca virgem de língua") e poder ostentar essa façanha para os amigos — nenhum significado emocional, nenhum sentimento. Resultado: a falta de maturidade de ambos causa uma experiência muito ruim.

E aí aquela metade do casalzinho que sente algo a mais passa a se sentir culpada ou, pelo menos, a avaliar que passou por uma vivência invasiva, negativa, ruim. Isso precisa ser bem trabalhado, para não atrapalhar o desenvolvimento sexual e emocional que ocorre nesse período da vida.

É inegável que o fato de vivermos em um país tropical, em que as pessoas se vestem mais à vontade, também impacta nas sensações experimentadas por esses adolescentes cheios de vontades. Essa sexualização ocorre cada vez mais cedo. Vejo mães que se prontificam a levar as filhas ainda bastante novas (e, quando digo bastante novas, me refiro a meninas de 8, 9 anos) ao ginecologista, preocupadas com gravidez precoce ou mesmo doenças infectocontagiosas. Isso é bom do ponto de vista físico, mas o lado psicológico também não pode ser negligenciado. O que passa na cabeça dessas meninas? Talvez, com a melhor das intenções, os pais podem estar deixando a mensagem de que essas meninas estão prontas para iniciar a vida sexual. E não estão.

Falamos muito sobre sexo no geral, mas pouco no particular. Então os adolescentes vivem suas primeiras experiências com 14 ou 15 anos, às vezes antes, mas não sabem muito bem como lidar com isso. Buscam emoção e esbarram em relacionamentos superficiais. Preocupam-se com o menos importante. Esquecem-se da leveza da vida.

É importante ressaltar o artigo 217-A do Código Penal, parágrafo 5º: para a caracterização de crime de estupro de vulnerável, basta que haja relação sexual ou qualquer ato libidinoso com pessoa menor de 14 anos, independentemente do consentimento da vítima ou do fato de ela ter tido experiência sexual.

Prioridades

Falta informação e um melhor desenvolvimento da própria consciência corporal. Luiza, por exemplo, é uma paciente minha que tem um bom nível socioeconômico e cultural, estuda em um colégio famoso, está naquela fase de muita ansiedade e expectativa pela primeira vez e, em certa consulta, me perguntou se a urina e o sangue da menstruação saem pelo mesmo lugar. O que dizer? Falta de conhecimento da biologia básica do corpo, da própria anatomia... Como alguém pode ter uma boa relação sexual se não conhece nem mesmo seu organismo?

E há casos de garotos na faixa dos 15 anos que já sofrem de problemas como impotência sexual. Não há nada de errado com eles do ponto de vista fisiológico, era para tudo estar funcionando direitinho. O problema está na cabeça: influenciados por pornografia e por pressões desnecessárias, eles têm uma preocupação muito grande com a ereção e com o desempenho sexual. Querem ser os melhores. E acabam fracassando. É o caso do Victor, paciente de 19 anos que só consegue se masturbar assistindo pornografia.

Em geral, são pessoas sem experiência que acabam sobrepondo as questões sexuais a outras coisas da vida. É claro que é normal o fato de um adolescente ser inexperiente sexualmente. O problema é que o fator sexual não pode ser o ponto central da vida de um adolescente — nem de ninguém. Sexo é importante, mas há outros prazeres e momentos essenciais para uma vida plena. Nessa idade, destaco a escola, as amizades, os passeios, as viagens... são vivências que devem ocupar mais espaço na cabeça desses jovens.

Observo também que a pandemia de covid-19 acabou se tornando um fardo muito grande para os adolescentes do ponto de vista da aquisição dessa maturidade sexual. Foi um período dominado por aulas on-line e pela reclusão, por muito tempo sem festinhas e sem encontros físicos. Com a reabertura do mundo, o natural foi ir com muita sede ao pote — e nenhum exagero é bom. As experiências podem ter vindo, mas o conhecimento do corpo não acompanhou esse ritmo.

Amor e paixão

Tem uma música da Rita Lee que define de um jeito poético muito bacana a dicotomia entre amor e sexo. Na canção, inspirada em crônica de Arnaldo Jabor, "amor é um livro" e "é sorte", enquanto "sexo é esporte" e "escolha". A roqueira também cantava o amor como "pensamento, teorema", "novela" e "prosa". Ao sexo, referia-se como "imaginação, fantasia", "cinema" e "poesia".

Essa confusão entre os limites do amor e os limites do sexo — e, principalmente, os pontos em que essas duas coisas tão boas se tangenciam e até se sobrepõem — povoa a cabeça de muitas pessoas e traz questões constantes ao meu consultório. Percebo que isso acontece principalmente com pacientes mais jovens ou adultos considerados mais imaturos.

Você já deve ter ouvido a expressão "paixonite aguda", certo? Embora seja um termo popular, utilizado em contextos que podem ser até mesmo engraçados, ele carrega uma verdade em seu sufixo "ite", o mesmo utilizado para denominar uma série de doenças. Na psicologia, podemos entender a paixão até mesmo como patologia — porque, assim como uma doença, ela traz sintomas e, em alguns casos, chega a prejudicar a pessoa.

Isso ocorre quando o objeto da paixão é visto como um ser perfeito, sem nenhum defeito. A sensação pode ser maravilhosa, especialmente se há reciprocidade: vem aquele frio na barriga, o coração acelerado quase escapando pela boca, aquele torpor delicioso, as idealizações e muita imaginação. Mas isso não se sustenta pela vida toda. Nem poderia. O apaixonado não conseguiria sobreviver, tamanha a carga intensa de emoção e sentimentos. Quando se está completamente apaixonado, o sujeito se extingue, passa a viver só o outro — sua essência fica em segundo plano.

Apaixonar-se é algo muito bom e faz parte da vida. Mas tem prazo de validade. A paixão funciona como uma projeção de tudo que a gente quer de maravilhoso. Todos os objetos de desejo estão materializados na pessoa por quem se nutre a paixão. É uma coisa linda, mas insustentável.

As pessoas mais maduras sabem que aquilo vai passar e que, depois, o casal, se decide continuar junto, mergulha em um outro tipo de relacionamento, mais estável, mais linear. Uma relação que permite alguns picos de paixão, mas que, na média, é muito mais companheirismo e cumplicidade do que aquele sentimento inconsequente.

Os mais imaturos — e aqui também é possível colocar boa parte dos adolescentes, ainda na fase das descobertas — confundem tudo e, uma vez terminada a paixão, pensam que é hora de pular para outro relacionamento. Querem só a montanha-russa dos sentimentos, não a tranquilidade de um carrossel, em que os altos e baixos são calminhos, suaves — e dá até para conversar durante o passeio. De acordo com estudos e observações, a paixão dura, em média, 18 meses. No máximo, dois anos.

Fazer terapia é altamente recomendável para pessoas que não conseguem viver um relacionamento depois de superado o período da paixão, porque viver nessa busca constante por toda a vida, embora a paixão seja um sentimento maravilhoso, pode deixar o indivíduo extremamente desgastado emocionalmente. Chega a ser exaustivo. É preciso muito autoconhecimento para conseguir evoluir em um relacionamento.

Longevidade do amor

Na outra ponta dessa história, também tenho pacientes com casamentos de longa data que relatam, não sem dor, queda ou mesmo perda da libido — com consequências desastrosas para a vida sexual. Isso é natural. Com o tempo de relacionamento, até mesmo a frequência de sexo diminui, já não há aquele pico inicial da paixão. É preciso tomar cuidado, justamente para não ocorrer um problema diametralmente oposto ao do adolescente: negligenciar a importância do sexo.

Vejo isso em casais casados há muito tempo que nem sequer dão mais beijos de língua. Aqueles amassos inesperados deixam de ocorrer.

Tudo fica mais protocolar. Aos poucos, a sexualidade vai ficando relegada a um plano desimportante, como se adultos não transassem.

Isso não é legal. Com o tempo, esse casal vai acabar sentindo falta de sexo e, na ausência de diálogo, o mais comum é que essas vontades e desejos sejam reprimidos, em uma situação de ausência de vida sexual. Ou, ainda, descambar para aquele efeito colateral com potencial desastroso para qualquer relação: achar que a traição resolve a questão sexual e a relação permanece estável. Sim, traições costumam ser consequência desse contexto.

Cada vez mais recebo em meu consultório pessoas que vivenciaram ou estão vivenciando momentos assim. E isso abala qualquer relacionamento. Vejo que esses casamentos poderiam ser muito mais fortes e intensos, com pequenos ajustes que levassem ao retorno da intimidade física e toda a gama de possibilidades de contato: beijos, abraços, carinhos. Isso não precisa acabar. Mesmo com o envelhecimento.

A essa altura da vida, precisamos ter em mente também os efeitos hormonais tanto no organismo masculino quanto no feminino — aliás, principalmente no feminino. No caso delas, refiro-me especificamente à menopausa e à perimenopausa, nome que damos à fase de transição entre o período fértil e a menopausa.

Com o fim dos óvulos, uma bagunça hormonal ocorre no corpo da mulher. Os sintomas podem variar, mas há um aumento do risco de problemas cardíacos e do desenvolvimento de osteoporose. Além das famigeradas ondas de calor, sensação que acomete boa parte das mulheres, elas também costumam relatar dificuldade para dormir, alterações de humor, irritabilidade, mudanças na pele e na vida sexual, com queda da libido, secura vaginal e, em muitos casos, dor na penetração.

Hoje em dia há tratamento para isso. A reposição hormonal se tornou mais simples, com alternativas em gel, que são muito acessíveis. E é mito que caiu por terra aquela história de que esses produtos causam câncer — evidentemente, para determinadas mulheres, a reposição é contraindicada por fatores como histórico familiar e antecedentes de saúde.

Tânia foi uma paciente que me procurou certo dia. Ela tem pouco mais de 40 anos e não imaginava que os desconfortos que vinha sentindo já eram sintomas da perimenopausa. Imaginava estar com estresse ou com algum problema psicológico grave. As pessoas confundem — porque os indícios são mesmo muito similares. Desconfiei que se tratasse de uma questão fisiológica, hormonal. Ela investigou e isso se confirmou.

Isto é importante: um psicólogo precisa saber identificar problemas de ordem física. E um médico também precisa saber o que é um problema psicológico. E há casos em que ambas as questões se cruzam, se completam. Um bom discernimento por parte dos profissionais garante a eficácia dos tratamentos.

É necessário ter em mente que sexo não é simplesmente penetração. Tenho um paciente, Seu Pedro, de 80 anos, que se queixava muito: queria voltar a ter vida sexual. Depois de estabelecer vínculo terapêutico, ele disse: "Eu preciso falar de um assunto importante". Imagine que, para um homem de 80 anos, pode ser constrangedor falar de sexo. Mas a terapia proporciona esse diálogo. Ele estava sofrendo porque, com a idade e outros problemas de saúde, chegou a uma situação de impotência, com falta total de ereção.

Aos poucos, depois de algumas sessões e muita conversa, ele mesmo concluiu que pouco importava o pênis para seu casamento e a intimidade prazerosa que ele construiu, por décadas, com sua mulher. Seu Pedro percebeu que tem boca, tem mão, tem muitos outros métodos para receber e dar prazer. E isto importa: ele está vivo e se sente vivo. Tem um corpo que é capaz de sentir e de dar prazer. Tenho certeza de que a felicidade de Seu Pedro é compartilhada com sua mulher.

Aqui vou me permitir um parêntese. A sexualidade humana é tão diversa e tão surpreendente — e, ao mesmo tempo, tão única para cada indivíduo — que nem me impressiono mais com pacientes que descobrem prazeres já depois da maturidade. É o caso da Ana Lúcia, uma mulher na casa dos 50 anos que só recentemente descobriu o orgasmo. Sim, apesar de ser casada há décadas e de ter uma vida sexual ativa com seu marido, ela nunca havia chegado lá. Essa situação é comum a muitas mulheres: o orgasmo ainda permanece um ilustre desconhecido para boa parte da população feminina.

Ana Lúcia teve seu primeiro orgasmo sozinha, tomando banho. Ela não precisou ser penetrada nem usar um brinquedinho sexual — esses acessórios que são cada vez mais bem-vindos e bem-vistos na vida íntima dos casais. O que a estimulou foram os jatos de água da ducha (chuveirinho). Para ela, foi algo libertador e marcou uma nova fase de sua vida. Não canso de repetir: autoconhecimento é fundamental.

Ambas as histórias, de Seu Pedro e de Ana Lúcia, provam mais uma vez que penetração não é tudo na vida sexual. Na verdade, costumo dizer que a penetração é o final do sexo; o sexo começa no olhar, no carinho, no abraço. E para tudo isso não tem idade, não tem necessidade de nenhuma funcionalidade orgânica. A pessoa pode ser extremamente sexualizada no beijo, no carinho, nos toques, mas não chegar à penetração em si por infinitos motivos — mesmo assim, manter o corpo em atividade.

Contato físico é extremamente importante. Produz ocitocina e resulta em um bem-estar único e necessário. Isso vale para qualquer idade: casais que se permitem descobrir do que gostam encontram ou reencontram uma vida sexual com mais qualidade. O resultado é que estão aproveitando mais a vida — e se divertindo com o sexo.

Eu desconfio muito de relações sexuais onde não há risada, não há diversão. Sexo é brincadeira, precisa conservar a parte lúdica. É uma diversão íntima, o brincar com os corpos. Desconfie de sexo sério.

2

QUE SEJA INFINITO ENQUANTO DURE

Vou ser direta, mesmo que a verdade não agrade a todos: essa história de "até que a morte os separe" só funciona se houver companheirismo, amizade e apoio mútuos. Do contrário, nos inúmeros casos em que o amor acaba, o melhor é cada um tomar seu rumo mesmo. É melhor para o casal. E é melhor até para os filhos, se houver filhos — afinal, o pior cenário é morar num lar onde reinam brigas e confusões.

Evoquemos então os versos do grande poetinha Vinícius de Moraes em seu célebre "Soneto da Fidelidade": *Que não seja imortal, posto que é chama / Mas que seja infinito enquanto dure.*

Esses versos são de uma sutileza incrível, porque todo o mundo acha que a vida é um conto de fadas e fica querendo viver um amor infinito — no tempo, ou seja, para sempre. Mas Vinícius vem com esse xeque-mate e lembra que amor de verdade tem de ser infinito mesmo — na intensidade, ou seja, imenso. Mas somente enquanto durar.

Não estou aqui fazendo uma apologia gratuita do divórcio, não me compreenda mal. Há inúmeros exemplos de casais que se dão bem pela vida toda — nesses casos, porque a "chama" enunciada por Vinícius não se apagou, talvez tenha sido alimentada com novos combustíveis no decorrer da jornada etc. O que não faz sentido são famílias com ex-casais brigados discutindo diuturnamente sob o mesmo teto.

Quando as pessoas começam uma relação, é natural que haja a expectativa de que seja uma experiência boa e prazerosa para ambos. Só que às vezes essa relação tem um término — um encerramento de ciclo mesmo, como uma história de começo, meio e fim.

Aí é hora de rever os rumos e discutir o ponto final. Trata-se de um momento complexo: mesmo quando há concordância, é uma situação doída. Toda separação envolve um sentimento de luto, porque marca o encerramento de uma rotina, de um lar, de uma série de costumes — muitas vezes compartilhados por décadas.

Se acabou, o ideal é concluir tudo numa boa e se preparar para começar o novo ciclo de outra forma. Essa transição não é igual para todos e não costuma ser fácil: algumas pessoas encaram de maneira melhor do que outras e, no fundo, tudo depende do que cada um quer com isso.

Pior ainda se uma das pessoas não quer terminar. E aí tem dois cenários: esse ou essa que não quer se separar, apesar de tudo, aceita porque entende que não havia mais o que fazer — então acaba se formalizando uma separação consensual, ainda que uma das partes esteja contrariada.

Nos casos em que a pessoa que não concorda realmente não aceita, normalmente se desenrola uma situação péssima: sentimentos de raiva e rancor afloram e o clima que já não era bom se torna beligerante.

Quando atendo pacientes nesse ponto, presos nessa encruzilhada, o único caminho possível é ajudá-los a ver que, se o relacionamento chegou a isso, é impossível que o casal estivesse bem. Não dá para um achar que tudo caminha na maior perfeição enquanto o outro quer se separar. É preciso controlar essa raiva porque houve, sim, uma história bonita entre eles. E a raiva, nessas horas, acaba sendo o motor para vinganças e punições de um a outro.

Tenho um paciente, Márcio, de 40 anos, que está fisicamente separado da ex-mulher há mais de seis meses e ainda se considera casado. Ele topou até assinar os termos, convencido pela advogada de que era melhor resolver tudo da maneira consensual, mas segue usando aliança na mão esquerda e até sua fotinho no WhatsApp é dele com a mulher, como se ainda fossem um casal. Algumas pessoas levam mais tempo para aceitar o luto.

Filhos no ringue

Há um ingrediente adicional que costuma dificultar ainda mais esses términos de casamento: filhos pequenos. Em geral, estamos falando de casais jovens, e, bem, os filhos pequenos ainda estão em uma idade de grande dependência dos pais — ao mesmo tempo, são crianças que demandam muito cuidado e atenção da parte de ambos, então qualquer cisão pode significar sobrecarregar mais uma das partes do casal, na maioria das vezes, a mãe. (Mas também não podemos negligenciar a confusão emocional que costuma surgir na cabeça dos adolescentes quando seus pais estão se separando. Afinal, já é uma idade extremamente difícil e é comum que eles não tenham estrutura para levar numa boa o processo que testemunham estar acontecendo com seus pais.)

A pior coisa que pode acontecer nesses casos é o pai, a mãe ou os dois tentarem usar os filhos como arma ou como escudo. E é algo que acontece muito. Para mim, isso é uma grande covardia. O filho não pode ser usado para atingir o parceiro ou a parceira. O filho não pode participar da briga. Há crianças que acumulam um peso enorme, que pensam que precisam conseguir contrabalançar os pais para evitar mais briga — mas ninguém, muito menos uma pessoa ainda em formação, tem esse poder.

Clarice, por exemplo, é uma paciente minha que hoje tem 18 anos. Quando ela começou a vir ao meu consultório, aos 14, ela se achava culpada pela separação que seus pais estavam vivendo — em um cenário de guerra. Isso se tornou fonte de sofrimento enorme para a menina. E deixou cicatrizes. Mesmo com o acompanhamento psicoterápico, que possibilitou a ela compreender com clareza que estava sendo usada de uma maneira cruel pela mãe, ela ainda não conseguiu recuperar completamente o vínculo com o pai. Hoje, até se falam — mas ela lida com um bloqueio que a impede de ir mais fundo, como se algo dentro dela ainda não permitisse uma reconexão do pai separado atual com o paizão incrível que ela conta das histórias da infância.

É importante ressaltar que mulheres também podem ser agressoras — ao contrário do imaginário comum, que geralmente coloca o homem nesse papel. Vejo com certa frequência casos em que a ex-esposa, contrariada, manipula os filhos para deixá-los contra o pai. Isso causa um dano psicológico muito grande nas crianças. Haverá consequências pelo resto da vida. Quando as crianças são induzidas a ficar do lado de um ou de outro genitor, julgar um deles certo e o outro errado, ela sente que seu amor pelos pais estará traindo uma das partes. Isso é muito cruel.

Tenho um paciente, Fred, que está vivendo justamente isso. Passou por uma separação litigiosa com termos muito difíceis, mas busca ser um pai presente, paga uma excelente pensão e ainda banca muita coisa por fora. Mas quando essas crianças chegam da escola, ouvem diariamente da mãe que o pai "as abandonou", que "dá dinheiro porque não dá amor", essas coisas. Há uma confusão entre os alvos. Essa mulher acha que está atingindo o ex-marido, mas, na verdade, está violentando psicologicamente os filhos.

Gaslighting

O termo *"gaslighting"* é utilizado para definir uma cruel maneira de abuso emocional que algumas pessoas praticam contra seus companheiros. A palavra é emprestada do título de uma peça teatral de 1938, chamada *Gas Light* — escrita pelo dramaturgo britânico Patrick Hamilton, que depois teve adaptações para o cinema. A adaptação mais famosa é *"Gaslight"*, de 1944, filme dirigido por George Cukor.

Trocando em miúdos, é um tipo de manipulação, de coerção. O abusador, geralmente o homem, distorce as informações, muda as coisas de lugar e interfere na realidade do entorno de modo a fazer com que a vítima duvide de sua própria memória, percepção de mundo e sanidade mental. É uma coisa horrível: o parceiro acha realmente que está ficando louco, paranoico.

Com isso, a pessoa acaba se retraindo, se sentindo cada vez mais insegura, cada vez mais acreditando que não tem condições de ficar sozinha porque depende do outro, o qual estaria com as faculdades mentais em dia. A autoestima despenca. Ela passa a sentir medo, fica assustada, acha que não dá mais conta de fazer as coisas do dia a dia.

É tanta manipulação que a vítima começa a acreditar sem dúvida alguma que tem algum problema, embora não consiga identificar onde ele está. Tal comportamento evidencia uma das piores formas de relacionamento abusivo. E a vítima se prende a esse contexto, pois, ao colocar em dúvida, ela própria, sua lucidez, passa a ver no manipulador um porto seguro. Há quem use esse artifício como forma de forçar a outra pessoa a permanecer na relação de uma maneira muito dependente.

O gatilho inicial para esse tipo de comportamento pode até ser uma traição descoberta que o marido quer camuflar e passa a alterar a percepção das evidências, afirmando que a sua mulher está louca, inventando coisas e vendo o que não existe. Há casos em que inclusive outros familiares são envolvidos, com o manipulador confidenciando histórias inventadas sobre a vítima, criando um enredo que a deixa em posição extremamente desconfortável.

Agressão verbal também é violência

Outro ponto importante sobre relacionamentos tóxicos é que não é porque não existe agressão física que outras formas de violência podem ser negligenciadas. Há casais em que um dos parceiros — ou ambos — é extremamente agressivo verbalmente. E existe uma tendência esquisita de as pessoas absolverem ou relativizarem quando não há ataque físico.

Ouço muito em meu consultório frases como "Ah, mas ele não me bateu" ou "Pelo menos ele não é do tipo que bate". Mas são pacientes que contam as histórias e, meu Deus, seus companheiros já as estraçalharam completamente com as palavras. Existem agressões verbais que são muito pesadas. Escuto mulheres reclamando que são chamadas de prostitutas, incapazes, inválidas... E, no dia seguinte, o homem pede desculpas, argumenta que havia tido um dia difícil, que bebeu demais e espera que tudo fique bem.

Há o inverso, é claro. Mulheres que agridem seus maridos, xingando-os, ofendendo-os — inclusive ferindo a masculinidade, a virilidade, que costuma ser uma questão muito delicada entre os homens. Frases como "Você não serve para nada na cama", "É um péssimo pai", "É um ser humano inútil" são recorrentes nesses contextos. E, algumas horas depois, vem o pedido de desculpas, manhoso.

As pessoas realmente acreditam que a palavra "desculpa" é mágica, causa amnésia, faz com que a pessoa esqueça o absurdo que ouviu pouco tempo antes. Não vai esquecer. Ninguém esquece. Não dá para desouvir o que foi ouvido. Costumo dizer que a palavra desculpa é muito fácil e muito cômoda para quem ofende.

Agressões verbais, sobretudo se recorrentes, vão machucando gradualmente a vítima. De tal forma que chega a ponto de que nem o arrependimento contido no pedido de desculpas faz mais sentido. Por outro lado, a pessoa agredida tende a ver o pedido de desculpas como uma forma de negar que está sendo vítima de abuso no relacionamento. Recebo pacientes no consultório que estão em frangalhos, mas argumentam que não há nada de errado, porque, depois da violência verbal, sempre vem o arrependimento do agressor ou da agressora.

Essas vítimas costumam ficar tão fragilizadas e com a autoestima tão deteriorada que deixam até mesmo de se cuidar — não acreditam mais em si mesmas, em suas capacidades mentais, de trabalho, maternais, pessoais. Ser xingado ou xingada diariamente por uma parceira ou um parceiro é um sofrimento idêntico ao de apanhar todos os dias.

Henrique, um de meus pacientes, é um empresário bem-sucedido que vive uma situação assim dentro de casa: todos os dias, quando ele chega, sua esposa já o recebe aos gritos e palavrões. Ele não consegue resolver isso. Já concluiu que não há mais nenhum tipo de afeto, só berros e agressões. Só que não quer se separar. Porque eles têm um bebezinho de 6 meses e pensa que, se sair de casa, o filho vai ficar vulnerável e desprotegido. Henrique teme até mesmo que a mulher passe a agredir a criança. Ou seja, de novo, filhos no ringue — inocentes que são usados desde muito novos para tentar segurar uma relação.

E em qualquer situação de desequilíbrio que haja entre um casal, a libido vai ser afetada. Imagine então quando estamos falando de contextos em que violências reinam: a pessoa não tem a menor vontade de transar depois de ser ofendida, agredida, maltratada, humilhada. Mas o processo piora, porque há risco de engrenar em um círculo vicioso. A negação ao sexo acaba provocando mais xingamentos por parte do agressor. A única solução para interromper esse processo é a ajuda terapêutica.

3

TRAIÇÃO: DESLIZES E CICATRIZES ENTRE HISTÓRIAS DE AMOR

Entre as questões mais recorrentes que aparecem em meu consultório estão essas encruzilhadas presentes em muitas histórias de amor. Há as profundas dores dos traídos e há os contundentes dilemas dos traidores. Como psicóloga, não posso julgar. Preciso ouvir. E ajudar os que sofrem as consequências, independentemente de qual lado estejam nesse enredo, a se compreenderem e ficarem bem consigo mesmos.

O que posso dizer é que, de forma geral, a traição provoca uma dor devastadora, lancinante, porque tal episódio causa uma ferida narcísica. O traído tende a achar que o problema é com ele, que seu companheiro ou companheira traiu porque algo aconteceu, porque aquele amor não era suficiente, porque houve alguma falha.

Tenho pacientes que dizem que foram traídas porque não estavam magras ou bonitas como a outra. Ou aqueles que acham que é porque falta dinheiro, porque não se é rico o bastante e isso teria feito com que a esposa buscasse um amante.

De cara, já preciso alertar: são vários os tipos e os motivos para uma traição, mas, salvo a exceção da traição pela vingança, nunca o motivo está na pessoa traída. Costumo dizer que ninguém coloca um revólver na cabeça de um sujeito obrigando-o a trair sua mulher. Quase sempre a traição é resultado de movimentos planejados, em que são muitas as possibilidades de, num arroubo de consciência, desistir antes do xeque-mate.

Traição é escolha: da decisão de flertar ao ato em si. São várias escolhas seguidas que culminam em uma traição. E isso é o que mais dói em quem é traído.

Afinal, tirando aquela traição extremamente casual, quase acidental, quando alguém está numa festa e, por vezes alcoolizado, acaba tendo uma relação sexual, normalmente as traições começam com conversinhas, presenciais ou não — já que a internet e os aplicativos hoje em dia são canais muito convenientes nesse sentido —, crescem para o flerte e vão se desenvolvendo até chegar à ideia de marcar um encontro, quando muitas vezes já há a intenção de sacramentar a situação com uma relação sexual.

Observo que as motivações costumam ser quase sempre as mesmas. Muitos traem por imaturidade, uma maneira quase ingênua de lidar com os compromissos e o comprometimento. Há os que traem por necessidade de autoconfiança, um desejo de mostrar para si mesmo que consegue, que pode, que é potente e poderoso — uma necessidade de se sentir *sexy* e atraente. E tem também a traição por desamor, um fator que indica que aquele relacionamento já estava virtualmente terminado, ao menos para uma das partes.

O mais difícil mesmo é quando a pessoa não consegue explicar nem para si nem para seu parceiro o motivo da traição. Aí a terapia precisa reforçar o processo de autoconhecimento, porque se a própria pessoa não encontra a razão para o ato, há ali um problema intrínseco.

Esse cenário é complicado de modo especial também para quem foi traído, porque este costuma ficar completamente perdido. A lógica é a seguinte: se há um motivo, para se proteger de uma futura traição, bastaria evitar que esse motivo acontecesse novamente; se não há motivo, a tendência é que a insegurança reine, já que nada seria capaz de bloquear esse comportamento de seu parceiro ou parceira.

Por isso, defendo que qualquer um envolvido em uma traição teoricamente sem motivo traga a questão para a terapia. Esse autoconhecimento é necessário no processo de cura dessas feridas do amor. E, em última instância, ninguém pode sair fazendo coisas que não quer ou que acha errado — somos seres conscientes e capazes de discernir, com nossas próprias balizas, os limites que nos permitimos.

A culpa

O sentimento de culpa por parte de quem trai costuma ser maior quando há um envolvimentso amoroso, não só sexual. Ninguém é obrigado a gostar de ninguém, ninguém é obrigado a seguir gostando de ninguém, é claro, mas quando alguém está vivendo um relacionamento e se apaixona por outra pessoa, em geral se sente muito culpado, porque não quer machucar — e porque não sabe como se desvencilhar do casamento ou do namoro atual para poder viver aquilo que parece mais intenso em seu coração.

Contar ou não contar? Eis o dilema. Muitos relacionamentos terminam porque quem está traindo dá pistas para o companheiro. Falta coragem de contar, de dizer que está apaixonado por outra pessoa, de encerrar aquela relação que, a essa altura, já deve estar claramente desgastada. Essas pistas são uma forma de colocar um fim na questão. Uma forma covarde, mas, ainda assim, uma forma.

Quando quem trai decide contar, abrir o jogo com o parceiro ou a parceira, isso costuma acontecer não por bondade ou benevolência. No máximo, por autopiedade. Quem conta, o faz porque se sente extremamente culpado pelo ato praticado. Quer contar como forma de se aliviar do que fez, de pedir perdão. Isso nem sempre destrói um casamento. Há muitos casos de relacionamentos que ficam até melhores e mais intensos depois de uma traição.

Essa questão da culpa de quem trai precisa ser trabalhada com cuidado, porque o traído já se encontra numa situação de ferida, sangrando, em carne viva. Ouvir que foi traído ou traída machuca. E machuca muito. Essa dor só aumenta quando quem conta acaba não conseguindo deixar os detalhes de fora ou se prolonga demais.

Pela experiência clínica, defendo que detalhes nunca devem ser contados nesses casos. Afinal, o traído acaba formando figuras e cenas imaginárias, e isso nunca mais vai sair de sua cabeça. Toda vez que o tema surgir, essas imagens vão aparecer de forma muito nítida, forte e colorida em sua mente. Com a mesma e recorrente dor.

A regra é: na confissão de uma traição, é preciso dizer o mínimo possível, para preservar o parceiro ou a parceira. Quem traiu não tem de ficar se justificando, porque qualquer argumento nessa hora vai aumentar a mágoa, a raiva e uma série de sentimentos horríveis. E o traído vai ficar sempre pensando que, se havia motivo, poderia ter havido uma conversa clara antes. No fim, ficará a sensação de que aquela dor violenta que se sente não era necessária.

A única coisa que quem traiu pode e deve fazer é pedir desculpas. E estar muito aberto(a) a ouvir as mágoas da parceira ou do parceiro, mesmo que essa manifestação venha carregada de raiva. Quem foi traído fica muito machucado e geralmente procura uma resposta, e se quem cometeu a traição não tem essa resposta, isso só prolonga a dor, o sofrimento.

A vítima

Seja porque houve a decisão de prosseguir o relacionamento, seja em futuros envolvimentos do traído com outras pessoas, é certo que sua cabeça jamais será a mesma. É absolutamente comum que uma pessoa que já se soube traída assuma comportamentos de hipervigilância, que não são nada saudáveis, principalmente quando o casal decidiu passar uma régua na questão e seguir junto.

O traído costuma se apresentar de modo mais vaidoso, preocupando-se com a aparência exterior. Ao mesmo tempo, o interior se revela mais ansioso, inquieto e nervoso. No íntimo, há aquela preocupação de que uma nova traição possa ocorrer a qualquer momento.

Em muitos casos, esses efeitos se refletem também na hora do sexo: é a hora em que a vítima da traição pode se lembrar do ato cometido, não raras vezes fantasiando as cenas entre seu amor e o outro ou a outra de uma maneira muito dolorosa. Quando o traído não consegue superar todo o ocorrido e passa a viver em constante estado de alerta, isso tudo faz muito mal. Ele ou ela assume um modo de vida de absurda autocrueldade.

A traição faz com que a pessoa questione o passado, não somente o presente e o futuro: muitas certezas viram pontos de interrogação. Será que já existiu fidelidade antes? Existiu amor? Tudo que estava definido no passado passa a ser questionado.

Tem solução, obviamente. Mas costumo dizer que o conserto de traição é longo e demorado, porque houve a quebra do princípio da lealdade em que se baseia um relacionamento. De um lado, é preciso um sincero arrependimento; de outro, o desejo de perdoar. No meio disso tudo, o tempo é necessário para que as questões se sedimentem e se resolvam.

É importante contar com um processo terapêutico na hora de tratar essa profunda dor. Mas, como tudo na psicologia, não existe uma solução instantânea, tampouco um perdão imediato. A chave é propiciar que a comunicação entre o casal seja restabelecida, de forma plena e segura. Isso leva tempo. Mas, como eu disse, há relacionamentos que se fortalecem e ficam ainda melhores depois que a ferida vira apenas uma cicatriz.

Alguns casos

Se enredos de traição são corriqueiros, desfechos podem assumir as mais diversas formas. Nesse sentido, as paredes de meu consultório já ouviram de tudo. Tem a história da Suzana, por exemplo: modelo, rica, linda, 28 anos. Casada com um homem que, digamos, não tem predicados equivalentes no que tange aos aspectos físicos.

Mesmo assim, ele a traiu. Saiu com uma mulher que não significou nada para ele — foi só uma aventura. Mas Suzana ficou mal quando soube. Ficou arrasada, querendo entender os motivos. A dor de ambos foi devastadora — mas eles fizeram do limão uma limonada e conseguiram reerguer a relação de outra forma, fazendo com que o casamento assumisse uma nova fase a partir de um forte e intenso pacto restaurador. Estão juntos até hoje. E felizes.

A trajetória de Iolanda, de 39 anos, teve outro destino. Porque, em seu caso, a traição do marido envolvia sentimento: ele se apaixonou por outra e aí nada foi capaz de consertar a relação dos dois. O afeto estava deslocado para outra pessoa. Aquela relação havia perdido o sentido, a base.

As traições podem acarretar outros problemas, até depressão. Roberta, de 32 anos, traiu o marido porque queria experimentar algo novo. Ela imaginava que, com isso, conseguiria até apimentar sua própria relação. Não deu certo: o traído jamais a perdoou e decidiu colocar um fim no casamento. Extremamente culpada, Roberta caiu em depressão profunda.

Essas histórias de recomeços e de términos me permitem um parêntese: cada vez mais acompanho casos que chamamos de separações grisalhas (veja o capítulo seguinte), ou seja, casais que decidem tomar novos rumos, um de cada lado, após os 50 anos. Isso tem a ver até com a melhora na expectativa de vida, é claro: antigamente, uma pessoa passava dos 50 e não pensava mais em planos amorosos; conformava-se com o relacionamento que tinha, foi orientada a aguentar o casamento.

Hoje, uma pessoa com essa idade vislumbra ainda décadas pela frente. Dessa forma, não faz sentido empurrar um casamento ruim para a frente. Dá tempo de recomeçar. Dá tempo de se apaixonar de novo e viver outro amor. É possível fazer planos.

Outros tipos de relacionamento

Vivemos tempos de amores líquidos, em que a sociedade permite uma série de maneiras de relacionamentos, tempos atrás improváveis ou até impossíveis. Pela minha experiência como terapeuta, observo mais fracassos do que sucessos em pacientes que decidem adotar estilos de vida assim.

Um exemplo importante é o chamado relacionamento aberto, quando o casal, de pleno acordo, decide que ambos podem manter relações sexuais com outras pessoas. É recomendável que, nesse trato entre ambos, fique também acertado se devem ou não contar um ao outro sobre as experiências com terceiros — e quartos, e quintos, e sextos...

Pelo que vejo, raramente dá certo, porque, quando os dois estão vivenciando experiências com outras pessoas, todo mundo está feliz, mas quando um acaba conseguindo ficar com outras pessoas e o outro, não, aí começa a aparecer um sentimento de inferioridade e uma sensação de desvantagem.

Há muitos que buscam o relacionamento aberto como pedra de salvação para um casamento ou namoro que já não está muito bem, como se a ideia pudesse consertar algo que está se desestruturando. A origem dessa tese pode até ser o fato de que um deles — ou ambos — nota que está sentindo desejo sexual por terceiros. Nesse sentido, o relacionamento aberto se apresentaria como uma solução honesta: ao contrário da traição, nesse jogo ninguém deveria ficar machucado.

Mas raramente funciona. Os envolvidos costumam se machucar, se magoar. E é comum que a raiva e o ciúme aflorem. É como se diz: na teoria, a prática é outra... E o que era para consertar um relacionamento em frangalhos acaba contribuindo para sepultá-lo de vez.

Outro modelo que tem se tornado relativamente recorrente é o do poliamor. Nesse formato, os envolvidos se propõem a manter relacionamentos românticos e afetivos com várias pessoas ao mesmo tempo. Minha opinião profissional parte do seguinte: se já é difícil administrar uma relação a dois, imagine quão complicada pode ser uma relação envolvendo mais pessoas. Acho bem difícil que, passada uma eventual empolgação inicial, o poliamoroso consiga equilibrar tempo, espaço, romance e logística para agradar a várias pessoas... Perceba que, no caso do poliamor, a questão é mais complexa do que uma mera relação sexual. Esse tipo de relacionamento exige dedicação, afeto, paixão — tudo de forma múltipla.

4

VELHICE SEM PRECONCEITO

Nos capítulos anteriores, acabei me referindo diversas vezes a questões inerentes àqueles que estão na chamada terceira idade — ou melhor idade, para usar um eufemismo delicioso. E cada vez mais é possível, sim, fazer dessa fase da vida, se não a melhor idade, uma idade de muitas aventuras, emoções e curtição. Afinal, se os avanços científicos, médicos e sociais estão fazendo as pessoas viverem mais, também é preciso viver melhor.

Para aprofundar essa reflexão com muita qualidade, convidei uma especialista: minha colega psicóloga Fran Winandy. Pesquisadora, consultora e especialista em diversidade etária e etarismo, ela é autora do livro *Etarismo, um novo nome para um velho preconceito*. As páginas seguintes deste capítulo foram escritas por ela, especialmente para este livro.

Encontros e desencontros

Foi num desses encontros de formatura que a vida dela mudou. Ela nem pretendia ir, estava chegando de uma viagem a dois, comemorando mais um aniversário de casamento. Sua vida estava tranquila, em velocidade de cruzeiro. Bateu aquela preguiça. Mas o universo é caprichoso quando quer bagunçar a vida de alguém. Relacionamentos longos têm seus desafios: escolher todos os dias o conforto do encaixe conhecido frente ao entusiasmo de novas possibilidades. Mas novas possibilidades bem-sucedidas não tendem a reproduzir esse mesmo desafio? Escolhas...

Quando a minha mãe nasceu, a expectativa de vida no Brasil não passava dos 37 anos. Superando todos os prognósticos, ela tem hoje 94. Quando tinha 20 anos, vivíamos no Brasil os chamados "anos dourados", e o destino natural das mulheres era desempenhar os importantes papéis de esposa e mãe em um casamento que deveria durar para sempre: mulheres separadas não eram bem-vistas e, muitas vezes, costumavam ser apontadas como responsáveis pelas eventuais traições do marido.

Em geral, os casamentos aconteciam motivados por amor, mas, depois de alguns anos, tornavam-se "casamentos de fachada", já que era sabido e aceito socialmente que os homens tinham "outras necessidades", e, por isso, as esposas deveriam ignorar, abnegadas, os supostos deslizes de seus maridos e zelar pela manutenção do casamento. Esposas infiéis, quando descobertas, sofriam críticas e punições: para os maridos traídos, com a honra manchada, até o crime passional era legalmente perdoado.

Minha mãe seguiu a ordem natural das coisas, casando-se por amor, deixando sua profissão de lado a pedido de meu pai para tornar-se mãe e dona de casa em tempo integral, criando seis filhos e mantendo um casamento sólido e aparentemente feliz. Se a traição deu as caras, ninguém percebeu, embora brigas esporádicas acontecessem sem que soubéssemos exatamente o que se passava.

Mulheres e o etarismo

Normas e convenções sociais mudaram com os anos, as mulheres avançaram na conquista de seus direitos e os casamentos assumiram diferentes configurações: vivemos mais e temos menos filhos — na média, menos de dois por mulher. Separações são comuns, embora, na prática, algumas mulheres separadas ou divorciadas ainda se sintam excluídas, potenciais ameaças a casais tradicionais.

O etarismo, idadismo ou ageísmo, nomenclaturas usadas para designar o preconceito etário, é mais contundente contra as mulheres, já que seus efeitos são ampliados pelo sexismo, com raízes profundas em nossa sociedade e efeitos durante todo o ciclo de vida feminino.

Em nossa sociedade, as mulheres costumam ser julgadas pela idade em diversos momentos da vida. São consideradas, geralmente, velhas demais. Velhas para se casar, velhas para engravidar, velhas para sair sozinhas, velhas para namorar ou velhas para se divertir.

Na esteira do aumento da expectativa de vida, vem o prolongamento dos casamentos. Na faixa dos 60 anos, um casal junto há 30, 40 anos, percebe que pode ter mais 20 ou 30 anos pela frente. Então pode vir a reflexão: estarão preparados para uma relação monogâmica durante 60, 70 anos?

Divórcio grisalho é o termo usado para designar a separação de pessoas com mais de 50 anos de idade. De acordo com o IBGE, em 2021, quase 26% dos divórcios realizados no Brasil foram de pessoas nessa faixa etária, percentual que tende a aumentar. Depois da separação, em geral, a busca por um recomeço prossegue de ambos os lados.

O fato de a maior parte dos divórcios se dar por iniciativa feminina demonstra avanços em nossa emancipação. Os homens parecem aceitar melhor a tal zona de conforto, com todos os seus desconfortos: separar dá trabalho, e eles, mais do que elas, tendem a se acomodar.

Vergonha de envelhecer

Com o acesso crescente das mulheres ao mercado de trabalho e a conquista de maior independência financeira, era de se esperar que o mito do príncipe encantado não povoasse mais o imaginário feminino. Mas a busca do parceiro ideal, eternamente arrebatado por ela, segue pela vida. Enquanto isso, ele persegue a narrativa do herói em busca de sua linda e indefesa princesa, eternamente jovem. Assim, o descompasso entre o imaginário e a realidade rodeia a maioria das pessoas maduras que agora se aventuram em aplicativos de relacionamento, buscando a cara-metade idealizada — ilusão essa que dificilmente resiste à rotina dos primeiros encontros.

A aparência envelhecida faz com que as pessoas se empenhem em desacelerar a marcha inevitável do tempo, especialmente as mulheres.

Estudos científicos sugerem que, nos relacionamentos, existe uma preferência por parceiras mais novas e, nas empresas, há uma queda da credibilidade feminina com o aumento da idade.

Age shaming é o termo usado para designar nossa vergonha de envelhecer em uma sociedade na qual os elogios se misturam a comentários preconceituosos: "Como você está conservada! Nem parece a idade que tem!". Assim, o julgamento vem em forma de admiração e reforça a pressão que as mulheres sofrem para manter uma aparência física eternamente jovial, afetando negativamente sua saúde física e mental. Falei sobre isso em meu livro.

Muito bem depois dos 60

A maturidade traz insegurança e questionamentos, mas também novas possibilidades para quem consegue se livrar de comparações, cobranças e valores culturais ultrapassados. Afinal, os idosos de hoje não são mais como os idosos de antigamente. A energia da nova velhice pode ser percebida nas ruas, shoppings, academias, praias, festas, aeroportos e, pasmem, até nos bancos das universidades!

Minha mãe foi uma avó tradicional, daquelas que habitam o nosso imaginário: tricô e *waffles*. Nem de perto foi a avó que minha irmã é hoje: uma mulher que trabalha, namora, viaja de moto com os amigos e se encontra com as amigas em bares e baladas. Ou da avó que serei amanhã, já que, aos 60, ainda nem comecei essa jornada!

No papel de avó, minha mãe não conheceu a febre dos aplicativos de relacionamento, não saía à noite com as amigas e não viajava sem o marido. Ela foi se tornando invisível — para os outros e para si mesma. Os novos idosos não aceitam esse papel. Eles sabem que a família é importante. Mas entendem que, para ter uma longevidade saudável, precisam de mais.

Relacionamentos, amigos, alimentação, movimento, aprendizados: a cada dia, essa lista aumenta. Sem contar a questão da autonomia financeira, fantasma que assombra essa geração de pessoas que vão viver (muito!) mais.

A aceitação da velhice, dos sinais do tempo e de suas consequências é um salto assustador. Inúmeras fórmulas já foram trazidas na tentativa de neutralizar a complexidade do processo, que é incerto e extremamente pessoal. Talvez seja como pular de um abismo, torcendo para que o paraquedas se abra. Ou, como no parágrafo que coloquei no começo deste texto, torcendo para que nossas escolhas sejam as mais acertadas.

5

CABEÇAS E CORAÇÕES *IN VITRO*: AS AGRURAS DA FIV

Em uma de suas célebres crônicas publicadas nos anos 1990, o escritor Mario Prata escreveu que "filho é bom, mas dura muito". Com um sorrisinho discreto, preciso admitir que ele estava certo: e isso não significa que não ame meus filhos! Ter filhos é assumir um compromisso eterno. Para quem deseja, é o amor que transborda, o amor incondicional. Para quem tem filhos por cobrança externa, é só o compromisso eterno e o filho já chega sendo cobrado, porque os pais transferem essa cobrança externa para o filho. É injusto com os pais e com a criança.

O que quero dizer com isso é que ser mãe e ser pai é uma aventura de muita responsabilidade, cuja decisão muda completamente o curso da vida. E, convenhamos, em um mundo civilizado, em que instintos animalescos já foram domados há séculos pela cultura, não deve existir nenhuma obrigação em encarar tais papéis. Ninguém precisa ser pai. Ninguém precisa ser mãe. Nenhum casamento precisa de filhos. A felicidade não pode se basear na maternidade e na paternidade.

Ter ou não filhos deve ser uma decisão única e exclusiva do casal. E deve ser tomada para satisfazer seus desejos, suas vontades, seus planos — nunca para atender a uma pressão social ou responder a cobranças de pais e outros familiares bisbilhoteiros.

Hoje em dia, cada vez mais as pessoas estão dando prioridade para seu aperfeiçoamento profissional e para alcançar estabilidade financeira. Se até a ideia de casar está ficando para mais tarde, mais ainda a decisão de engravidar. E não estou falando apenas das mulheres — embora nós sejamos diretamente afetadas fisicamente pela gestação e tenhamos o tal relógio biológico jogando contra. Muitos homens também preferem adiar a decisão para um momento de maior maturidade na carreira.

Mas voltemos aos ponteiros atrapalhantes do tal relógio biológico: a natureza costuma ser cruel com o gênero feminino. A cada ano que passa, os óvulos vão ficando com menos qualidade e a fertilidade vai caindo. Ou seja, decidir se tornar mãe mais velha costuma ser uma opção carregada de dificuldades.

Além dos óvulos menos adequados, ainda há fatores complicatórios que acabam surgindo com a idade, como descoberta de endometriose, ovários policísticos e outras doenças que têm de ser tratadas antes de uma eventual gestação.

Ao mesmo tempo, vêm as cobranças. Se casou, sempre vai aparecer uma tia futriqueira que a cada oportunidade vai perguntar "e aí, quando chegam os bebês?". Alguns pais e mães, sogros e sogras também não costumam se conter — com a desculpa de que querem netinhos pela casa.

Se o casal ainda não resolveu isso, ou se decidiu não ter filhos, essas pressões sociais costumam criar constrangimento e angústia. É como se o mundo passasse o recado de que todo o mundo precisa ter filhos, de que a vida só é plena com o exercício da maternidade e da paternidade. Como se a decisão, para a vida toda, não pertencesse ao foro íntimo de cada um, de cada casal.

Tentantes

Aí chega uma hora em que os dois já estão juntos há um bom tempo, a vida parece bem encaminhada, a casa montada, as viagens dos sonhos realizadas… Um olha para o outro e… por que não? Mas a gravidez não vem. Todos os meses é aquela ansiedade. Testes de farmácia, exames de sangue — sempre negativos.

No meio disso, há "tentantes" que não têm nem bem certeza se querem ou não ter filhos ou se só estão se rendendo a um capricho da sociedade. Quando o projeto fica como um segredo apenas do casal — o que eu defendo como ideal —, as cobranças ou ansiedades acabam restritas a ambos. O problema aumenta quando um dos dois ou ambos decidem compartilhar o plano com amigos e parentes, porque, além de lidar com sua própria frustração, é preciso dar satisfação e ainda ouvir palpites e receitas infalíveis de todos os que parecem querer assistir de camarote, ao menos de forma imaginária, ao processo de concepção que não lhes diz respeito.

Chega uma hora que, cansados dessa situação, os tentantes decidem partir para o laboratório, apelar para a ajudinha da ciência. É o começo de uma novela geralmente longa e que nem sempre tem final feliz: a fertilização *in vitro*, popularmente chamada pela sigla FIV.

E a situação já é complicada na sala de espera da clínica. Todo mundo ali sentado esperando a vez, se observando, mas evitando que os olhares se cruzem: para os que estão nessa situação, é como se fosse uma sala de defeituosos. Afinal, em comum, os que estão no local querem engravidar e não conseguem pelas vias naturais.

Se o problema é com os espermatozoides, o homem costuma ficar deprimido, com o orgulho da masculinidade ferido. Se o problema é com a mulher, ela tende a se culpar por ter demorado tanto para tomar a decisão — e, agora, se sente velha, incapacitada. Do ponto de vista racional, não faz sentido sofrer tamanha culpa: afinal, não é que ela poderia ter desejado ser mãe antes; ela estava desejando e fazendo outras coisas, dentro de um direito legítimo do livre-arbítrio.

Além de tudo, geralmente são muitas as tentativas. O casal acaba se especializando em um mundo que não lhes pertence, incorporando ao vocabulário termos como blastocisto, folículos e nidação. Porque, embora muitos pensem que é um processo automático e certeiro, fazer o procedimento apenas uma vez e pronto, vem a gravidez, na prática as dificuldades são imensas: estimativas apontam para uma taxa de sucesso de somente 17%.

As mulheres se submetem a um tratamento penoso, com injeções de hormônio em horários rigorosos e efeitos colaterais que vão de irritação a ganho de peso. Elas costumam se questionar muito, principalmente quando não estão tão certas assim se vale tudo pela maternidade. É importante que a mulher se pergunte se faz isso por ela ou apenas pelo marido — afinal, se alguns anos depois decidirem por se separar, o filho seguirá sendo de ambos.

A cada tentativa de implantação é um suplício emocional. Tenho uma paciente, Sabrina, de 38 anos, que já está na 13ª vez. Já outra, Fabrícia, de 35 anos, me contou que ela e o marido decidiram que só vão tentar até cinco vezes — se não der certo, partirão para outras alternativas.

Quando a FIV não resulta em gravidez, o casal experimenta o luto, sobretudo a mulher, que hormonal e psicologicamente chega a se sentir grávida por alguns dias ou semanas. O casal se desequilibra. É um estresse muito difícil de lidar. Consegue imaginar a crueldade de viver uma sucessão de lutos? No caso de Sabrina, treze lutos seguidos...

As pessoas, imersas nesse processo, costumam pensar exclusivamente na FIV e seus desdobramentos. Vivem em função disso. O casal nem transa mais, parece nem haver mais espaço para namoro entre os dois: só se concentram em fazer um filho no laboratório. E quando dá errado, não é possível recomeçar de onde parou — o ponto de partida é a estaca zero, como se todo aquele sofrimento tivesse sido em vão. Há casos em que se trata de uma obstinação tão renitente que o único laço a unir o casal é fazer FIV — não há mais amor, não há mais união, apenas desespero por um objetivo que cada vez é menos palpável.

Alternativas e suas implicações

Em algum momento, o casal ou o médico concluem que, com aquela combinação de gametas masculino e feminino, não será possível gerar descendentes. Um novo luto é vivido diante dessa notícia ou dessa percepção.

Se ficar constatado que o problema realmente são os óvulos, um caminho cada vez mais frequente é a ovodoação, em que óvulos de uma doadora são fecundados com espermatozoides do pai — e implantados na mãe, que fará a gestação.

Muitas mulheres são bem-resolvidas quanto a isso, mas algumas apresentam questões emocionais e dilemas sobre a ideia de gerar um filho que não é geneticamente seu. Pensam inclusive se devem contar isso para os familiares ou mesmo para a criança, quando ela puder entender. É fundamental que a paciente tenha acompanhamento psicológico.

Psicologia: modo de usar

É preciso estar bem com a situação de que ela estará gerando um filho cujos genes são 50% do casal, 50% não.

Maridos tendem a reagir de forma muito pior, porque idealizam que é outro homem fecundando sua parceira. Tudo isso precisa ser trabalhado com psicoterapia, até para que essas questões não tornem os nove meses de gravidez — um período naturalmente difícil e exigente — um suplício para ambos.

Há, ainda, a alternativa da adoção, e aqui novos tabus permeiam as cabeças, com perguntas carregadas de preconceito sobre o passado da criança e receio sobre quem ela pode vir a ser, já que não traz a carga genética da família, não se sabe por quais agruras a mãe passou durante a gravidez etc. Ora, costumo responder lembrando aquela história célebre da menina de classe alta que matou os pais — ela era filha biológica de ambos e mesmo assim fez o que fez. Ou seja, a carga genética não é garantia de nada.

Relaxar é preciso

Atualmente tenho em meu consultório seis mulheres que são pacientes de clínicas muito famosas de FIV, todas tentantes já há algum tempo. Ao longo do processo, elas incorporaram tão bem o léxico da área e aprenderam tanto sobre as técnicas utilizadas que já as vejo capacitadas para dar aulas a respeito desse assunto.

Certo dia, uma delas conseguiu engravidar naturalmente. Ela estava tão relaxada e calma, com o tratamento psicoterápico surtindo efeito e uma FIV agendada de um embrião que era muito promissor. Nesse sentido, seu organismo parece que se sentiu pronto e preparado.

Tem coisas que nem a ciência explica. Não dá para ter controle total do que está dando certo e do que está dando errado, e a dor de cada um é muito particular. O que vejo, pela minha própria experiência, é que não é incomum mulheres tentantes engravidarem logo depois de começar o acompanhamento psicológico. Não, não é que fazemos milagre. É porque a terapia contribui para baixar a ansiedade. A mulher relaxa, o corpo relaxa junto. Tudo fica mais aconchegante para acolher o embrião.

6

É IMPOSSÍVEL SER FELIZ SOZINHO

C alma. O título deste capítulo eu peguei emprestado da música "Wave", clássico de Tom Jobim. Como em tudo na vida, também há exceções — porque tem gente que vive sozinha e, mesmo assim, não vive em solidão.

Solidão pode acarretar, sim, problemas de saúde. Aquele que se sente em solidão acaba buscando isolamento e, aos poucos, engrena em um círculo vicioso, passando a recusar convites para quaisquer compromissos sociais. E o ser humano é um ser gregário, social.

Solidão é um sentimento. E consegue afetar até mesmo aqueles que estão dentro de casa vivendo com a família, no ambiente de trabalho ou em uma festa com amigos. É um sentimento de não pertencimento que vem com força.

No livro *O ano da morte de Ricardo Reis*, o genial José Saramago escreveu:

> "A solidão não é viver só, a solidão é não sermos capazes de fazer companhia a alguém ou a alguma coisa que está dentro de nós, a solidão não é a árvore no meio da planície onde só ela esteja, é a distância entre a seiva profunda e a casca, entre a folha e a raiz".

Diversos estudos recentes têm comprovado quanto a solidão pode ser danosa. Ela é apontada como um gatilho para inatividade física, má alimentação e uso descontrolado de medicamentos psicotrópicos e também pode explicar alguns casos de obesidade e de depressão.

Uma pesquisa curiosa feita nos Estados Unidos comprovou que solitários estão mais propensos a ser infectados por rinovírus do que a média da população. Pois é, o organismo funciona mesmo de uma maneira incrível. Também já foi atestado que a solidão aumenta a chance de doenças, como hipertensão e certas cardiopatias. Quem se sente sozinho tende a ter mais dificuldade para encontrar estímulos para o ânimo, o entusiasmo e a alegria.

Diálogo

Mas se há inclusive a solidão acompanhada, ou seja, esse sentimento pode aparecer mesmo entre aqueles que parecem amparados por uma rede familiar ou de amizade, o que fazer para evitá-la? Acredito que se expressar um com o outro pode ser a receita. Costumo dizer que coração não é gaveta — e vejo como é complicado quando as pessoas se fecham e têm dificuldade de dizer o que estão sentindo.

É uma questão mal resolvida em termos de sociedade. Porque crescemos ouvindo expressões como "engole o choro", "cala a boca". E aprendemos a engolir sapos, calar o peito, silenciar a dor. Mas o corpo fala — e como fala. Fala por meio da ponta dos dedos batendo na mesa. Dos pés inquietos na cama. Da dor de cabeça, da gastrite, do refluxo, da ansiedade, do nó na garganta. Assim, atravessado. Por meio da angústia, da ruga na testa, da insônia, da vontade de dormir pelo resto da vida.

Quando nos calamos, entramos num processo de falatório interno. E as pessoas adoecem, porque cultivam e guardam as coisas não digeridas dentro de seus corações. O normal do ser humano seria se comunicar e conseguir dizer o que está sentindo. Mas nem todos estão habilitados para esse exercício. Nem todos estão prontos.

Nem sempre conseguimos digerir bem as pequenas coisas da vida: mensagens mal respondidas, palavras que machucam, gestos que soam estranho. Fingimos que não ouvimos. Engolimos em seco. Até que um dia isso vai encher e transbordar. São fatos indigestos que percorrem a garganta, entram no estômago, invadem o peito. E, se deixarmos, vai calar nossa boca e arrancar nossa paz. O importante é cultivar o diálogo.

Não silenciar. Não deixar acumular ou achar que essa dor vai aliviar simplesmente com o passar dos dias.

O tempo cura? O amanhã resolve? Nada como um dia depois do outro? Em parte. O tempo tem um papel importante, mas não resolve tudo. Acordar no dia seguinte e fingir que está tudo bem demanda uma enorme energia. Há muito desgaste emocional nesse comportamento.

Repito: coração não é gaveta. Não dá para engolir tudo e dizer amém. Também não dá para sair por aí vomitando tudo que está entalado na garganta, eu sei. Mas é possível se expressar, transformar o sentimento em palavras, dizer, fazer-se entender, decodificar as emoções, traduzir-se. O sentimento pode ser exorcizado pela palavra certa, na hora certa. E isso tranquiliza a dor. Dor é vírgula, não é ponto final. Ninguém deve estar condenado a senti-la eternamente.

Toque e abraço

É uma característica cultural nossa, dos brasileiros, mas que ajuda muito: abrace e permita-se ser abraçado. O toque é importante. E vimos muito bem o peso que foi o isolamento social durante a pandemia de covid-19.

Não há nada mais terno e amável do que acariciar nossas mãos com as mãos de alguém e brincar de encaixar nossos dedos nos espaços vazios entre os dedos de outra pessoa. Não precisa ser com o namorado ou a namorada, com o marido ou a mulher — você também pode tocar seu melhor amigo e sua melhor amiga.

Parece algo bobo, mas, ao entrelaçarmos nossa mão com a de outra pessoa, entramos em um estado vibracional místico em que o amor incondicional predomina. Dar as mãos é uma forma de se comunicar com a alma do outro sem dizer nenhuma palavra. É uma forma de se conectar com a alma do outro.

A gente entrelaça mais do que as mãos: também o coração, o afeto, a dor, o medo, a alegria, o amor, o carinho, o bem-querer. Percebe? Dar as mãos para alguém que você ama pode funcionar como um verdadeiro analgésico natural, trazendo conforto, segurança e alívio da dor. Dar as mãos tem um efeito calmante em situações de estresse. As coisas sempre melhoram quando seguramos a mão de alguém.

Contatos imediatos

Tem dias que a gente acorda e nem queria acordar. Parece que tudo que se engoliu e se acumulou de decepções e de angústias, de ofensas e de frustrações explode e nos implode por dentro. Nada nos faz sorrir e vamos arrastando as tarefas com ânimo zerado. Em dias assim, conversar com certas pessoas nos salva. Ah, como é bom contar com elas.

E nem precisa ser alguém com quem estamos sempre junto, não. Muitas vezes, a gente tem aquela pessoa de quem se distancia em razão dos caminhos a que a vida nos leva, mas que fica para sempre conosco, por meio de mensagens, do telefonema no aniversário, do pensamento constante. Não importa, trata-se de alguém que ficou em nós e nunca sairá. Alguém que, mesmo distante por muito tempo, quando nos encontra é capaz de perceber do que precisamos só de olhar.

Carinho, afeto e amor não têm muito a ver com horas e horas por perto, mas sim com a verdade, a intensidade e a disponibilidade do outro em relação a nós. Bastam alguns momentos junto com alguém para nos alegrar, assim como podemos ficar por dias ao lado de alguém sem sentir prazer algum. Quem consegue enxergar além de si, das próprias dores e tristezas sempre será alguém que estenderá as mãos a quem precisa.

No decorrer da vida, nos deparamos com muitas pessoas ruins e maldosas. Sofremos muito com descasos, abusos, agressividades de quem não é capaz de enxergar nada além do próprio umbigo. A gente quer dar certo, ser feliz, fazer o outro feliz. Só que muitas vezes o mundo vem na contramão feito um trator. Dá uma rasteira. Como é difícil quando isso acontece e não temos em quem confiar para nos expor com toda nossa vulnerabilidade e fraqueza.

Daí a importância dos ouvidos que nos escutam, dos olhos que nos enxergam, dos abraços que nos acolhem. Pessoas que nos recarregam, que nos reiniciam. São tesouros que não podemos deixar escapar nem por um segundo. Mesmo distantes, elas sempre serão essenciais em nossas vidas. Com elas, teremos as conversas que salvarão os nossos dias traiçoeiros.

Casais amigos e companheiros

E a amizade dentro de casa? Respondo direto e reto: essencial. Alguma coisa está muito errada quando o(a) companheiro(a) não é seu(sua) melhor amigo(a).

Normalmente, casais que se formam encontram, em cada um, o que mais lhe falta. E acham que isso basta para um relacionamento saudável, que trará completude. Principalmente quando o sexo é bom, as pessoas acham que podem dar jeito "no resto". Com o tempo, percebemos que sexo não basta. Nada sozinho basta. E a tendência é nos enganar cobrindo o que falta com pessoas de fora da relação.

O sexo é ótimo? Mas a melhor amizade está fora da relação, a melhor companhia está fora — a vida acaba se transformando em um enorme quebra-cabeça em que são necessárias várias pessoas para suprir um relacionamento que só tem um lado bom. O inverso também ocorre: a melhor amizade está na relação, mas o sexo bom está fora de casa, a melhor companhia para passeios são os amigos, o confidente é uma outra pessoa, e por aí vai...

Mas eu lhe pergunto: um melhor amigo fora da relação não é mais importante do que sexo fora da relação? Afinal, uma relação sexual dura dez minutinhos. Já uma conversa íntima, um desabafo, ah, essa pode levar horas. No fundo, tudo se resume à intimidade. Um relacionamento afetivo deve ser de intimidade total.

Isso serve para homens e mulheres: se o melhor sexo é com uma pessoa, o melhor desabafo é com outra, a melhor companhia com uma terceira, o melhor cuidado vem de outra ainda... Isso significa se espalhar porque não consegue se concentrar com mais profundidade em ninguém.

Amor é encontrar a profundidade em uma pessoa. Quando você se espalha, fica na superfície dos sentimentos. E nada se sustenta na superfície. A aparência física muda, a idade avança, a saúde pode não ser mais a mesma. Mas o amor verdadeiro aumenta a cada dia. Vem a vontade de cuidar, de proteger. O amor não é descartável.

O amor é tão precioso que, quanto mais envelhece, mais deve ser tratado com cuidado. Por isso, amor de verdade precisa ser calcado na amizade mais íntima e honesta de todas. E essa amizade vem da sucessão diuturna de conversas, de diálogos. Isso é o que aproxima as pessoas. E faz com que casais sejam perenes e felizes.

7

ESPELHO, ESPELHO MEU

Vivemos uma era em que os ideais inatingíveis de beleza estão a um clique de qualquer um, nocauteando sem dó todos aqueles ligeiramente (ou enormemente) insatisfeitos com o corpo. Esse contexto é um prato cheio, com o perdão do trocadilho, para acionar os gatilhos dos famigerados transtornos alimentares. São questões que aparecem cada vez com mais frequência em meu consultório: gente que se recusa a comer, que força vômitos, que ingere alimentos de forma compulsiva, que sente culpa depois de uma refeição.

Transtornos alimentares atingem principalmente mulheres jovens — o que não significa que não podem acontecer com pessoas de qualquer gênero ou idade. Na maioria dos casos, é um problema que precisa ser enfrentado tanto pela terapia quanto pela medicina. E, claro, necessita de acompanhamento com nutricionista. Não raras vezes, o envolvimento de familiares e pessoas próximas também é importante no auxílio da pessoa diagnosticada com transtorno alimentar.

Em geral, o elemento central de um transtorno alimentar, seja qual for, passa pela preocupação com as calorias ingeridas. Observo que muitos recorrem a remédios nesse processo — e isso é muito sério. Há quem abuse de laxantes e diuréticos, e já tive pacientes que foram parar em UTI por causa disso. Esses medicamentos costumam ser de fácil acesso: são baratos e vendidos sem receita em qualquer farmácia. Buscá-los como solução para eliminar o que foi ingerido pode acarretar problemas graves.

É muito comum que um paciente que apresenta transtorno alimentar também sofra da chamada dismorfia corporal (estamos falando de insatisfação com o corpo). Trata-se de uma condição em que o indivíduo vê um defeito — que pode existir ou não — e fixa isso em sua vida. Em geral, é um defeito imaginário, mas a pessoa acaba vivendo em função disso, o que lhe causa grande prejuízo para a qualidade de vida, já que tal incômodo ou preocupação dificulta o trabalho, os estudos e o lazer.

Tive uma paciente que dizia não gostar do formato do seu rosto. Ela desenvolveu o hábito de se maquiar no escuro, porque não queria se ver antes da maquiagem. Da mesma maneira, há aqueles que usam óculos escuros dia e noite porque não gostam do próprio olhar. E tantos adolescentes que, vítimas de *bullying* escolar, veem o problema em alguma característica física — e passam a sentir uma profunda vergonha disso. A dismorfia corporal pode ser cruel. E incapacitante.

A adolescência, aliás, é um momento que merece um cuidado especial. Nessa fase, ocorrem tanto mudanças na aparência corporal quanto na carga hormonal. Ser alvo de piadinhas dos colegas de escola por estar mais gordinho ou gordinha, por exemplo, pode se tornar um gatilho para transtornos alimentares.

Também são relativamente recorrentes casos de mulheres que desenvolvem quadros assim no pós-parto, naquela ânsia de voltar ao peso anterior à gravidez. Já tive uma paciente que literalmente amarrou a boca para não comer. É um exemplo de como as pessoas fazem coisas extremamente agressivas com elas mesmas, acreditando que submeter-se a uma autoviolência tão intensa seria melhor do que sofrer uma censura social de colegas, amigos e familiares. Em outras palavras, nesta era de superexposição instantânea, parece melhor estar doente do que se achar acima do peso — é como se uma autoagressão fosse melhor ou menos violenta do que uma agressão vinda de fora.

Anorexia

De todos os transtornos alimentares, costumo dizer que a anorexia é a mais visível, aparente. Trata-se de uma doença muito difícil de esconder, porque a pessoa fica extremamente magra. Ela tem corpo de doente, cara de doente e está doente. Tem quem veja beleza na anorexia. Infinitos *sites* ensinam como não comer ou como ter bulimia, doenças apelidadas de Ana e Mia. O paciente anoréxico não vê seu corpo como assustadoramente magro. Acha que ainda pode emagrecer um pouco mais. Tive uma paciente internada com sonda nasogástrica que falava que quando tivesse alta faria uma lipoaspiração. É o extremo da cisão com a realidade. Anorexia é uma doença de difícil tratamento e de recaídas frequentes. É preciso estar sempre atento e trabalhar com uma equipe multidisciplinar: psicólogo, psiquiatra, nutricionista, endocrinologista.

É um transtorno muito perigoso: cerca de 20% das pessoas com anorexia acabam morrendo em decorrência de consequências da não ingestão de alimentos — em geral por problemas cardíacos, já que o organismo fica extremamente desidratado e há uma descompensação cardíaca que pode acarretar morte súbita.

Na maior parte dos casos, a anorexia surge quando o indivíduo leva ao extremo a ideia de contar calorias. A pessoa anoréxica tende a negar o quadro, dizendo que está adotando uma dieta saudável e que são os outros que comem de forma errada. Mas não é saudável ingerir menos do que o necessário para ficar bem. Não é saudável comer apenas folhas e beber água. Isso faz com que a pessoa definhe e não tenha os nutrientes necessários para uma vida equilibrada. Em muitas situações, isso acaba causando problemas nos rins e no coração.

Bulimia e compulsão alimentar

Pais de adolescentes precisam ficar atentos se o filho ou a filha se alimenta normalmente, mas tem o hábito de sair da mesa e ir ao banheiro ou ao quarto imediatamente após as refeições. Esse é um comportamento típico de quem tem bulimia, ou seja, costuma forçar o vômito depois de comer.

É comum que o diagnóstico seja feito por dentistas, porque o bulímico começa a apresentar perda de esmalte nos dentes, cáries e aumento das glândulas salivares. É uma prática muito violenta contra o próprio corpo: normalmente, pessoas com quadros assim chegam a vomitar cerca de seis vezes por dia. Com isso, costuma se desenvolver a esofagite, já que o ácido estomacal, extremamente forte, fica passando pelo esôfago, que não é preparado para isso. Por isso, quando tenho um paciente com bulimia, recomendo que procure um médico gastroenterologista e faça uma endoscopia.

Existem dois tipos de bulímicos. Aqueles que não têm compulsão alimentar, mas estão obcecados com a ideia de emagrecimento a qualquer custo. E aqueles que sofrem de compulsão alimentar e querem colocar para fora o excesso.

Muitos pacientes que têm compulsão alimentar me revelam que adorariam vomitar, mas têm medo. São pessoas que receiam a náusea, o vômito em si. Entendem se tratar de uma prática agressiva, mas, ao mesmo tempo, admitem que gostariam de conseguir, por acreditarem que essa poderia ser uma solução rápida. Essa confusão de sentimentos, na maior parte das vezes, deixa os pacientes ainda mais angustiados.

Quem sofre de compulsão alimentar ingere qualquer coisa, pois não tem mais critério nem é capaz de selecionar os alimentos que gosta ou que lhe dão vontade de comer. É qualquer coisa mesmo. Uma vez uma paciente me contou que comeu nhoque cru com queijo ralado nesse desespero por ingerir o que visse pela frente. E não foi pouco. Foi um pacote de 1 quilo de nhoque, com um saquinho inteiro de queijo ralado. E depois ainda comeu bolacha.

São casos de pessoas que ingerem o que estiver à mão. O que lhes importa é a quantidade. É como se houvesse uma lacuna a ser preenchida com comida. E depois costuma vir a culpa — porque aquela gulodice vai desencadear um aumento de peso. Isso torna esse quadro ainda mais perigoso, já que a obesidade também é uma doença, e obesidade por compulsão é uma situação bastante complicada. É por isso que pessoas com transtorno alimentar que são encaminhadas para fazer cirurgia bariátrica devem e precisam de acompanhamento psicológico antes e depois do procedimento.

Outros transtornos

Há ainda outros tipos de transtorno alimentar. A ortorexia, por exemplo, é a obsessão pelo alimento perfeito e por hábitos saudáveis. Pessoas assim costumam evitar festas e vida social porque geralmente só comem aquilo que foi preparado por elas mesmas. Isso gera sofrimento emocional e distanciamento social.

Já a vigorexia é uma insatisfação com o corpo que acaba sendo direcionada para a busca pelo corpo perfeito, com prática exagerada de exercícios físicos e fixação no ganho de massa muscular. Quem tem esse tipo de transtorno costuma adotar dietas extremamente restritas — já ouvi um paciente que ficou meses comendo apenas batata-doce e frango. Muitos recorrem a anabolizantes e outras substâncias proibidas, o que também pode favorecer o aparecimento de doenças cardíacas e outros problemas de saúde.

Abordagens importantes

Em todos os casos de transtorno alimentar, é importante que o diagnóstico seja feito rapidamente, para que o tratamento possa ocorrer de forma efetiva. São doenças que têm o potencial de evoluir de forma destrutiva. Mas todos nós podemos tomar alguns cuidados em nossas relações familiares e de amizade para diminuir a incidência desses quadros. Uma abordagem mais sensata é elogiar as pessoas pelo que elas fazem, e não por características físicas.

Isso vale especialmente na criação dos filhos. É muito comum que pais e mães dirijam-se à criança ou ao(à) adolescente comentando que ele(a) tem um corpo lindo, está com porte atlético ou dentro de um padrão de beleza ideal. Isso acaba favorecendo a estética em detrimento do restante. E criando uma espécie de objetivo de vida no adolescente, que tende a se cobrar para manter aquelas características — ainda que o faça de forma inconsciente.

Tenho uma paciente belíssima, que ouviu sempre da mãe que o que importava na vida era ser magra, que isso resultaria em um bom casamento, em um bom emprego, em um bom poder aquisitivo. O resultado é que ela está sempre insatisfeita, buscando procedimentos estéticos sem fim.

Aliás, tanto o médico dermatologista quanto o cirurgião plástico precisam de muita ética nesse ponto: se determinado paciente segue querendo intervenções em um processo que não se conclui, acima do limite, é preciso reconhecer que essa pessoa precisa de ajuda e ser encaminhada para um tratamento. Essa insatisfação eterna com as próprias características é, sim, uma doença.

8

OBESIDADE NA ERA DA GORDOFOBIA

D e um lado, o sedentarismo. De outro, a fartura e a acessibilidade constante a alimentos extremamente calóricos. No meio disso tudo, uma sociedade que exagera no culto à imagem e que apresenta todas as variáveis possíveis daquilo que a gente chama de gordofobia.

Não é de se espantar que gordinhas e gordinhos tragam suas insatisfações para o consultório. Mas se meu trabalho consiste em organizar seus pensamentos para que restabeleçam a autoestima e fortaleçam a própria aceitação, não podemos negligenciar uma série de questões de saúde que rodeiam esse grupo.

Por isso, e porque se trata de um assunto extremamente importante, conversei com dois colegas médicos para que este capítulo traga aquilo que é essencial e atualizado a respeito. A Dra. Ana Paula Costa é uma médica renomada, especializada em endocrinologia e metabologia. Tem grande experiência internacional e participações ativas em congressos e outros eventos em todo o mundo, e também atuado em centros médicos estadunidenses.

Segundo Ana Paula, o aumento alarmante da obesidade que observamos hoje "é impulsionado pelo sedentarismo e pelo excesso de calorias". Ela me contou que, nos Estados Unidos, 22% dos adultos têm o hábito de se exercitar com regularidade, mas 25% dos americanos não fazem nenhuma atividade física no tempo livre. No Brasil, o índice é pior: apenas 7,9% dos adultos mantêm uma rotina de exercícios.

"A ênfase nas dietas com 50% de carboidratos, 30% de gorduras e 20% de proteínas é questionada, mas a maioria consome mais gorduras do que é recomendado", explicou-me ela. Ana Paula defende como essencial a adoção "de uma abordagem equilibrada de calorias, exercícios e orientação alimentar para enfrentar esses desafios de saúde pública crescente".

Emagrece e engorda

Questionei Ana Paula também sobre o famigerado "efeito sanfona", lamento recorrente entre aqueles que encaram um regiminho mais rigoroso. "Muitas pessoas anseiam por uma perda de peso rápida e, para alcançar esse objetivo, com frequência optam por dietas altamente restritivas, que são prejudiciais à saúde e difíceis de serem mantidas no longo prazo", contextualizou ela.

A essa altura, eu já estava pensando que a lição principal é sempre contar com um acompanhamento médico na hora de encarar uma mudança drástica no cardápio. Afinal, um profissional especializado pode não só avaliar o que funciona melhor para cada organismo, como também ter a visão dos impactos daquela dieta na saúde do paciente.

E a Ana Paula prosseguiu, dizendo que a consequência mais comum sofrida por aqueles que fazem regimes radicais é o emagrecimento temporário, seguido pelo abandono das dietas drásticas, "recuperando todo o peso perdido" — algumas vezes "ganhando até mais quilos do que antes". "Esse fenômeno, conhecido como 'efeito sanfona', caracteriza-se pela constante flutuação do peso na balança e afeta aqueles que estão constantemente em busca de dietas milagrosas para emagrecer", disse.

Pois é. Não são poucos os que chegam ao meu consultório com implicações na saúde mental justamente porque sofrem com esses quilinhos que vão e voltam. Mas e aqueles remédios tidos como milagrosos? "As pessoas frequentemente recorrem à automedicação, inclusive para emagrecer", pontua Ana Paula. "A automedicação parece conveniente, mas pode ser perigosa. É preciso orientação médica para evitar o agravamento de doenças e interações prejudiciais com outros medicamentos".

Saúde em primeiro lugar

Ainda quanto aos cuidados referentes à alimentação, conversamos sobre duas questões muito atuais: a busca excessiva pela magreza, muitas vezes ligada a um ou mais distúrbios mencionados no capítulo anterior; e o diabetes, essa doença tão presente e ainda mal diagnosticada.

No primeiro caso, ela lembrou que essa obsessão exagerada de muitos jovens que querem ficar cada vez mais magros "representa riscos significativos para a saúde, entre eles, o desenvolvimento de distúrbios alimentares, como anorexia e bulimia, que afetam a saúde mental e física".

Além disso, "a dieta restritiva pode levar à desnutrição, deficiência de nutrientes essenciais e fraqueza muscular". "Órgãos vitais, como o coração e os rins, podem ser danificados, e os ossos podem ficar frágeis, aumentando o risco de osteoporose", alertou a endocrinologista. No caso das meninas, distúrbios menstruais podem ocorrer. E um ponto comum entre meus pacientes e os da Ana Paula, problemas como ansiedade e depressão são frequentes nesse grupo de pessoas.

"A busca pela magreza extrema também pode levar ao isolamento social e, em casos graves, representar risco de morte. É fundamental promover uma abordagem equilibrada em relação à saúde e ao corpo, enfatizando hábitos alimentares saudáveis, atividade física regular e aceitação do corpo", recomendou a doutora.

O diabetes é uma doença que pode ser facilmente diagnosticada, mas ainda é muito negligenciada. Recentemente, li uma reportagem que trazia a estimativa de que 5 milhões de brasileiros vivem com essa doença crônica sem saber disso. É um perigo, já que as consequências para a saúde podem ser graves.

Considerando os diagnosticados, o Brasil tem 15,7 milhões de pacientes com diabetes — o que deixa o país na sexta colocação no mundo. Ana Paula comentou que o aumento da expectativa de vida da população significa uma elevação nas complicações dessa doença crônica, "especialmente entre os idosos, afetando a qualidade de vida e gerando custos crescentes para as operadoras de saúde".

"Promover o diagnóstico precoce do diabetes é essencial para iniciar o tratamento nas fases iniciais, reduzindo a morbidade e a mortalidade", ela me disse, citando a estimativa de que mais de 460 milhões de adultos em todo o mundo tenham a doença "e, surpreendentemente, metade deles não está ciente disso".

Nos últimos anos, tenho observado também como as cirurgias bariátricas, popularmente chamadas de cirurgia de redução de estômago, têm se tornado uma alternativa viável e relativamente acessível para muitos obesos. E insisto: são pessoas que também precisam de acompanhamento psicológico, porque se trata de uma intervenção que vai acarretar uma série de mudanças físicas – e comportamentais –, uma vez que a pessoa vai comer menos.

Para entender melhor essa questão do ponto de vista médico, procurei o Dr. Marcelo Salem, referência no assunto. Ele é coordenador do Centro de Cirurgia Avançada e Robótica e, na ativa desde 1987, já realizou cerca de 8 mil cirurgias relacionadas à obesidade ou a questões de metabolismo.

"A obesidade e as doenças metabólicas correlatas crescem progressivamente em todo o mundo moderno", ele me disse, citando o Atlas Mundial da Obesidade 2023, que estima que, até 2035, mais de 50% da população global estará com sobrepeso ou obesidade. "No Brasil, esse grupo terá 41% dos adultos", frisou.

Não é um problema só para a autoestima. Marcelo lembrou que a obesidade acarreta prejuízos econômicos para a sociedade devido às consequências para a saúde. Segundo ele, o impacto até 2035 será na casa dos 4,32 trilhões de dólares.

A solução que passa pelo estômago

Nesse sentido, a cirurgia bariátrica se tornou uma alternativa para muitos casos. O médico me disse que, antes, a indicação era restrita a pacientes com grau elevado de peso. Tecnicamente, seriam aqueles com índice de massa corporal (IMC) acima de 40 ou os acima de 35 com comorbidades.

Atualmente, entretanto, a visão é mais abrangente. "Buscamos abordar também questões de saúde, como diabetes, hipertensão arterial, doenças cardíacas, dislipidemias, apneia do sono, sobrecarga articular, entre outros, associando esses diagnósticos ao IMC para uma indicação mais precisa da cirurgia", contextualizou o médico.

O caso do diabetes me pareceu muito interessante. Marcelo me contou que cerca de 90% daqueles que têm essa doença são, no momento do diagnóstico, obesos ou apresentam sobrepeso. "E muitos se submeteram à cirurgia de obesidade com excelentes resultados", pontuou.

Um trabalho científico internacional que analisou dados de 164 pesquisas sobre o assunto publicadas entre 2003 e 2012, concluiu que a melhora ou remissão do diabetes foi alcançada por uma faixa de 80% a 90% dos casos de pacientes que se submeteram à cirurgia. "Estudos como esse colocaram a cirurgia da obesidade e metabólica no arsenal de pacientes com diabetes tipo 2 e obesidade", destacou.

A essa altura, você já observou que até a nomenclatura da cirurgia também evoluiu, certo? Marcelo me explicou que hoje a tendência não é mais falar cirurgia bariátrica ou cirurgia da obesidade. Mas, sim, cirurgia metabólica, o que "demonstra seu objetivo mais amplo: tratar o peso e as doenças metabólicas correlatas, proporcionando uma melhor qualidade de vida", enfatizou.

De acordo com ele, recomenda-se que o procedimento seja feito somente por maiores de 16 anos — em menores de 18, é preciso consentimento familiar. Antes, a cirurgia não era indicada para idosos acima de 65 anos. Isso também mudou, e hoje, no caso dos mais velhos, a orientação é avaliar caso a caso, conforme o estado de saúde do paciente.

"É importante ressaltar que todos necessitam realizar avaliação multidisciplinar, envolvendo a endocrinologia, a nutrição e a psicologia, para serem elegíveis", detalhou o médico.

Marcelo destacou que determinar a indicação de uma cirurgia assim parte de "um processo complexo que exige uma abordagem cuidadosa e individualizada, integrando dados científicos, a avaliação multidisciplinar e o entendimento das características únicas de cada paciente".

Tipos de cirurgia

Não foi só o nome que mudou. Marcelo me explicou que atualmente há uma série de técnicas e abordagens diferentes a serem avaliadas pelo médico, considerando o caso de cada paciente. "Não acreditamos mais que a simples redução do volume gástrico ou o encurtamento do intestino explicam a complexidade dos resultados alcançados", disse Marcelo.

"Hoje identificamos dezenas de alterações hormonais, modulação de incretinas, hipertrofia de segmentos intestinais específicos, mudanças na microbiota e na reabsorção de ácidos biliares e, aos poucos, tentamos desvendar os mecanismos envolvidos na cirurgia metabólica", prosseguiu ele. Nesse processo de melhoria, alguns procedimentos caíram em desuso, e outros, como a videolaparoscopia, evoluíram. "Com isso, os índices de complicações são baixos e comparáveis a procedimentos mais simples", destacou Marcelo.

Perguntei quais são as mais comuns atualmente, e ele me explicou uma por uma. "A gastrectomia vertical prioriza a remodelação gástrica. Removemos 80% do estômago e o restante fica como um tubo, no formato de uma banana."

"Alguns hormônios são modificados, como a grelina, e a sensação de saciedade passa a ser bem mais precoce. A perda de peso é um pouco menor do que nos outros procedimentos, então se trata de uma cirurgia indicada para pacientes com IMC menor, mais comprometidos com as mudanças comportamentais ou como procedimento ponte para futuras cirurgias", detalhou o médico.

E depois?

A nova vida que o paciente precisa adotar depois da cirurgia é a chave de um bom resultado. "Eles devem estar cientes de que o sucesso não depende apenas do procedimento em si, mas, essencialmente, do comprometimento contínuo com todo o tratamento", enfatizou Marcelo.

O pilar fundamental, segundo o cirurgião, é a introdução gradual de exercícios na rotina. Caminhadas, no início com passos curtos, e com o tempo chegar a distâncias e intensidades maiores, são indicadas já a partir do dia do procedimento cirúrgico. "Treinamentos de força, como a musculação, desempenham um papel vital na preservação da massa muscular e no impulsionamento do metabolismo", acrescentou.

A nutrição também precisa ser muito bem-cuidada. Nos primeiros 14 dias, a dieta é líquida e necessita ser fracionada, para, depois, os alimentos serem reintroduzidos progressivamente. "É preciso priorizar aqueles ricos em nutrientes, fundamentais para garantir uma dieta equilibrada e rica em vitaminas e minerais essenciais. Frutas, legumes, proteínas magras, grãos integrais e laticínios com baixo teor de gordura devem compor as refeições, enquanto carboidratos de alto índice glicêmico têm de ser evitados", pontuou Marcelo.

"A jornada após a cirurgia bariátrica requer uma abordagem holística, integrando exercícios gradualmente implementados e escolhas alimentares conscientes. O compromisso do paciente com esses elementos fundamentais é um passo crucial em direção ao sucesso duradouro da cirurgia", alertou ele.

Motivação e frustração

Já tive pacientes em meu consultório com um sentimento imenso de frustração porque, um tempo depois da bariátrica, passaram a ganhar peso novamente. E eu queria a visão especializada do Marcelo também quanto a isso.

"O receio de recuperar o peso perdido é uma preocupação frequente. Após diversos tratamentos prévios, a frustração de não manter os resultados no médio e longo prazos persiste. Os primeiros 18 meses, considerados a lua de mel, são marcados por motivação, seguindo orientações rigorosas. Contudo, com o tempo, o apetite aumenta, o peso se estabiliza, e os desafios emocionais reaparecem", contextualizou.

Segundo ele, mais de 50% dos pacientes enfrentam alguma recuperação de peso — e aí é crucial distinguir o que é considerado normal. "Ganhar de 5% a 10% do excesso de peso reduzido após 24 meses, de forma gradual e sem impacto clínico, é aceitável. No entanto, se o reganho de peso inicia cedo, de maneira rápida e associado a maus hábitos, torna-se atípico", comparou Marcelo.

"O paciente deve buscar a equipe multidisciplinar para avaliações clínicas, nutricionais e psicológicas, adaptadas às necessidades específicas. O sucesso pós-cirúrgico exige uma abordagem colaborativa, visando manter resultados saudáveis e sustentáveis", ressaltou o médico. "Gosto de salientar que estamos diante de uma doença incurável. Porém, podemos controlá-la", advertiu Marcelo. "Para isso, somente operar não basta. Mudanças nos hábitos alimentares e adoção de atividade física são imprescindíveis. E o monitoramento será por toda a vida."

9

OS QUE VIVEM NA TERRA DO NUNCA

São adultos, têm emprego e poderiam muito bem estar tocando a vida com total independência. Normalmente estão na faixa dos 28 aos 35 anos. Eles têm algo em comum: não querem crescer, parecem encantados demais com a vida de Peter Pan e preferem ficar presos nessa Terra do Nunca que só existe dentro de suas cabeças.

Sinais dos tempos: cada vez mais recebo em meu consultório gente com esse perfil, que costumamos chamar de adolescentes tardios. Dias atrás, por exemplo, o Alexandre, de 30 anos, falou exatamente isso: "Eu cheguei à conclusão de que não quero crescer". Fiquei até admirada, porque nem todos têm essa autoconsciência. De qualquer forma, esses eternos adolescentes costumam nutrir um pensamento e um comportamento infantil. Vislumbram um mundo de proteção, porque, enquanto estiverem vivendo sob o teto e as regras dos pais, é como se nada pudesse frustrá-los. De quebra, não assumem compromissos sérios, porque mesmo as contas normais de qualquer adulto são quitadas pelo pai ou pela mãe.

Essa total falta de responsabilidade se reflete também em falta de comprometimento. É comum que esses jovens mudem muito de emprego — afinal, por um lado, lidam muito mal com decepções e com qualquer problema que implique um *feedback* negativo; por outro, se eles não estão obrigados a honrar as contas a pagar, nada os prende a um emprego que não lhes pareça perfeito. E, convenhamos, não existe emprego completamente perfeito.

Para eles, viver assim é permanecer em uma zona de conforto. O que procuro mostrar é que, na verdade, trata-se de uma zona de desconforto, porque a Terra do Nunca da barra da saia da mãe faz qualquer um se sentir inadequado de alguma forma, inapto para os desafios diuturnos da vida adulta.

O Alexandre, por exemplo, tem dificuldade até mesmo para se relacionar com amigos e namoradas do mundo adulto. É como se a cabeça dele ainda fosse a de um adolescente, agindo de forma descomprometida e pouco preocupado com as consequências de suas palavras, seus gestos, seus atos. A vida lhe parece uma festa — e, no dia seguinte, ele nem precisa se preocupar em acordar cedo, muito menos em limpar a bagunça.

Como tudo na vida, nem sempre é 8 ou 80, é claro. Há pacientes que, à primeira vista, não parecem sofrer de adolescência tardia, mas ainda conservam dependência dos pais que acaba criando uma espécie de sensação eterna de suserania e vassalagem, como se, sob a tutela do pai ou da mãe, o indivíduo jamais pudesse se considerar dono do próprio nariz.

É o caso do Pedro. Ele é um bem-sucedido advogado de 29 anos. Há três anos decidiu sair da casa dos pais para morar com a namorada. O casal estava curtindo aquela fase de um jeito muito próprio: visitando apartamentos que cabiam no orçamento dos dois, fazendo contas. Claro que havia limitações, mas era uma coisa saudável para essa fase.

O pai de Pedro decidiu comprar um apartamento e dar de presente para o filho. À primeira vista, sorte a dele: é um privilegiado por ganhar um presentão desses. Só que o recado passado nas entrelinhas era de que ele não era adulto o suficiente para conseguir o próprio imóvel. Pior ainda: nem Pedro nem sua namorada foram consultados, não deram palpites, não escolheram a casa. O pacote veio todo pronto.

Certa vez, Pedro estava me contando isso e ele mesmo se deu conta — porque o processo terapêutico da psicologia favorece esses *insights* o tempo todo — de que havia um outro lastro de dependência do pai, um ponto do qual ele não conseguia se libertar. Desde que ele tirou a carteira de motorista e ganhou o primeiro carro, aos 18 anos, mantém o hábito de abastecer semanalmente no mesmo posto de gasolina onde seu pai é

Psicologia: modo de usar

cliente há décadas, e com um benefício — o de pendurar na conta do pai.

Naquela época em que ele era estudante, podia até fazer sentido essa ajudinha financeira paterna para encher o tanque. Mas não para um advogado bem-sucedido beirando os 30 anos, morando com a namorada. É preciso conquistar a independência plena, inclusive com as responsabilidades financeiras advindas dela.

Superprotetores criam medrosos

Em geral, esses casos obedecem a um padrão familiar: todos são filhos de pais superprotetores. Não tem jeito: pais superprotetores criam filhos inseguros, filhos que têm medo, que não conseguem abrir as asas para voar sozinhos. Afinal, ao sair do olhar paterno ou materno, não há nada que proteja 100% uma pessoa, e isso vale para a escola, para o trabalho, para a vida adulta. Fora de casa, não tem pai nem mãe — e sobram frustrações. É preciso estar talhado para isso.

Crianças com pais superprotetores têm mais dificuldade de lidar com as decepções e mesmo com os conflitos naturais na escola, por exemplo, pela preferência de determinado brinquedo ou na disputa pela atenção de um colega; ou no trabalho, como na hora de se posicionar com maturidade diante de tarefas complexas ou conseguir fazer um projeto em equipe.

Pais superprotetores passam a mensagem de que nem eles confiam nos filhos, nem eles acham que seus filhos são capazes. No início da idade escolar, pode ser algo do tipo não confiar que a criança vai conseguir se vestir sozinha. Na vida adulta desses adolescentes tardios, acaba significando até mesmo não entender que o filho precisa ter o direito de escolher o apartamento sozinho.

Pais superprotetores acabam criando pessoas hiperdependentes e extremamente inseguras em relação a indivíduos fora do círculo familiar. Essas pessoas tendem a se tornar adultos cheios de medos. Têm medo de não serem queridos, de não serem aceitos, de não serem bem-vistos, de não serem bem-vindos, de não serem amados.

São adultos que estão sujeitos a entrar em relações abusivas, porque, como acham que são incapazes e insuficientes, tendem a não aceitar que podem ser amados fora de casa, por outra pessoa que não seja nem o pai nem a mãe. Então aceitam qualquer coisa, entram em relacionamentos tóxicos. E não conseguem discernir isso como um problema, tampouco colocar limites — afinal, em suas cabeças, todo afeto que não seja oriundo do pai ou da mãe é "assim mesmo".

Tornam-se eternas crianças que sofrem muito nas relações de trabalho e nos relacionamentos afetivos. Desconhecem os limites e não conseguem se fazer respeitar. Temem perder o afeto. Temem enfrentar as situações. Não sabem jogar o jogo da vida adulta.

Nessa categoria de "pais superprotetores", também é preciso destacar aqueles que não sabem dizer não, que compram tudo que o filho quer, que acham que é importante satisfazer todos os gostos da criança. Isso também acarreta reflexos nocivos: os filhos crescem com a ideia de que a felicidade eterna é o estado normal. Uma grande ilusão. Uma criança saudável precisa experimentar ficar triste, precisa entender que não terá tudo que quer, precisa saber o que é frustração. Do contrário, haverá muita dificuldade em sobreviver socialmente na vida real fora de casa.

Saber se tornar desnecessário

Ser mãe — e aqui falo no feminino porque é o que eu sou, mas é claro que você pode dizer "ser pai" — é uma tarefa cheia de dilemas e interrogações. Precisamos o tempo todo equilibrar com sabedoria as doses de afeto com as chamadas de atenção e as asperezas do educar, do ensinar, e preparar aquele ser humaninho para que, um dia, se torne um adulto pronto para a vida em sociedade.

Costumo dizer que a melhor mãe é aquela que vai se tornando desnecessária com o tempo. Sim, desnecessária. Significa que ela conseguiu dar ferramentas ao filho para que, aos poucos, ele conseguisse lidar com as situações do mundo externo. A mãe que segue sendo necessária é a mãe do filho inseguro. É a mãe superprotetora. É a mãe que não pode ficar longe.

Tenho uma paciente, hoje casada e mãe de dois filhos, que não consegue sair de perto da mãe. Toda a sua vida é pautada por essa proximidade: ela tomou o cuidado de morar na mesma rua da casa dos pais e, se não os vê pelo menos duas vezes no dia, telefona outras dezenas. Para ela, isso é uma zona de conforto. Ela acha bom manter esses laços e se sente protegida, acalentada, envolvida. O que ela ainda não percebeu é que essa zona de conforto pode não ser a mais saudável — mas, sim, só "de conforto" porque é a única que ela conhece.

A mãe que se torna desnecessária também é aquela que sabe os limites de seu papel e vai se adaptando gradualmente à medida que seu filho cresce. Aos poucos, não faz mais, deixa o filho fazer. Mesmo que no começo diga que estará por ali e que, se houver qualquer problema, é só chamar. Vai chegar um ponto em que o filho ou a filha nem vai mais cogitar de pedir ajuda. E isso vai se refletir em todo o resto. Essa criança se tornará um adulto perfeitamente independente, seguro, capaz, confiante.

A mãe não será menos mãe por causa disso. Mas, quando seus filhos forem adultos, ela será lembrada somente por aquilo que é essencial: o amor. E isso não é o bastante? Ora, ao mesmo tempo que seus filhos terão uma vida mais leve e mais preparada, ela chegará à velhice de forma mais tranquila, sem o peso das responsabilidades que não devem ser carregadas como fardo pelo resto da vida.

Narciso: do outro lado do espelho

Mas já que estamos falando sobre ser mãe, preciso pontuar aqui o que é o oposto de ser pai (ou mãe) superprotetor(a). É ser pai/mãe narcisista.

A mãe superprotetora é aquela que quer fazer tudo pelo filho, que acha que o filho não consegue viver sem ela. A mãe narcisista quer viver pelo filho, quer ocupar o lugar do filho. Trata-se de alguém que quer brilhar mais do que seu filho ou sua filha. E que quer se colocar nas experiências dos filhos, deslocando deles a própria noção de protagonismo de suas essências.

Quando os filhos são crianças, essa competição tende a ser cruel, covarde e muito desigual. Afinal, a mãe consegue manipular completamente as situações, mantendo o controle e, muitas vezes, colocando um irmão contra o outro. O resultado é extremamente prejudicial para a autoestima da criança.

Na idade adulta, essa mãe parece viver em um universo paralelo, em que o sucesso do filho ou da filha é incorporado por ela própria. É diferente de ter orgulho do filho. É atribuir o sucesso a um pretenso mérito próprio, como se aquele filho só tivesse chegado lá porque a mãe ou o pai fizeram isso e aquilo — e incorporar esse discurso como verdade.

Antigamente, esse tipo de comportamento não parecia ter muito impacto em adultos, já que os sentimentos narcisistas do pai ou da mãe ficavam relegados ao ambiente do círculo de amigos dos filhos. Nos dias atuais, contudo, muitas vezes esse discurso contamina *posts* de redes sociais — ou seja, são facilmente recebidos pelo filho ou pela filha que teve seu êxito cooptado. É um tiro doloroso na autoestima. Muitos filhos, justamente por nutrirem um respeito enorme pelos pais, sentem-se arrasados e incapazes.

10

QUANDO A ANSIEDADE É UM PROBLEMA

De alguma forma, uns mais, outros menos, todos nós somos ansiosos. E isso também varia conforme a situação. Posso dizer que agora, enquanto escrevo, estou ansiosa para ver este livro pronto, lançado, sendo lido pelas pessoas. Isso não é um problema: faz parte da vida e de como lidamos com as expectativas. É consequência até mesmo da importância que damos para determinados episódios de nossa vida. O problema é quando isso foge do controle. O problema é quando a ansiedade se torna uma coisa tão central que acaba afetando a qualidade de vida da pessoa.

A ansiedade é um sentimento comum a todos nós, humanos. É uma maneira de sentir medo — e só sobrevivemos e evoluímos como espécie porque sentimos medo, já que é por isso que tomamos cuidado. Mas o medo, quando excessivo, trava, paralisa, incapacita a pessoa.

Vamos pensar um pouquinho. Se você já casou alguma vez na vida, deve ter ficado ansiosa ou ansioso pelo grande dia, preocupando-se com os preparativos, com a roupa, com a festa, certo? No dia da formatura da faculdade, essa ansiedade também provavelmente bateu forte. Estou falando sobre momentos bons, incríveis… Mas também é saudável e normal ter ansiedade por coisas encaradas como ruins. Por exemplo, você vai passar por uma cirurgia e, naqueles dias que antecedem o procedimento, está ansioso ou ansiosa. Ou até mesmo diante de uma prova difícil na escola.

O dicionário traz duas definições para ansiedade. A primeira é a "sensação de aflição, receio ou agonia, sem causa aparente". A segunda é a "inquietação ou impaciência causada por algum desejo ou vontade". Perceba que ambas as explicações se referem a sentimentos completamente inerentes ao dia a dia de um ser humano.

Por essas e outras, é preciso ter muito cuidado até mesmo com o uso dessa palavra nos atendimentos psicoterápicos. Há uma certa confusão entre a ansiedade normal e aquela que pode ser considerada patológica. E muitos pacientes já começam dizendo "eu sempre fui muito ansioso", "minha mãe falava desde pequeno que eu era uma criança ansiosa", e outras frases do tipo — sem saber ao certo os limites do razoável para esse sentimento.

A ansiedade-problema é aquela que se apresenta de forma tão intensa que atrapalha a vida. E aí a pessoa começa a sentir uma série de sintomas, inclusive físicos — cansaço excessivo devido ao permanente estado de tensão, de atenção e de medo é o mais comum deles. A ansiedade patológica é experimentada mesmo sem nenhuma razão; pacientes com esse quadro nem precisam de um casamento marcado ou de uma cirurgia agendada para vivenciar esse medo antecipatório de forma muito forte e cruel.

Os que sofrem desse mal da ansiedade estão o tempo todo imaginando cenários futuros, mesmo que sejam probabilidades remotas e que não estejam no horizonte real. E esse descontrole emocional funciona como porta de entrada para comportamentos que podem se tornar perigosos para a saúde, como o desenvolvimento de vícios e compulsões. A ansiedade patológica também acaba, não raras vezes, desencadeando quadros específicos, como os que serão abordados a seguir.

TAG

Um desses distúrbios é o TAG. Não, não tem nada a ver com as *hashtags* das redes sociais, muito menos com a ideia de "taguear" alguém, como se diz hoje em dia quando queremos marcar um amigo em alguma postagem na internet. TAG é sigla para transtorno de ansiedade generalizada.

Esse problema é caracterizado como uma situação de preocupação excessiva ou de expectativa apreensiva. Se estou falando sobre preocupação ou expectativa, o natural é que você me pergunte: com o quê, afinal? Pois é. Quem sofre de TAG se preocupa muito e nutre muitas expectativas — com nada e para nada em especial. É uma espera por algo que nem tem nome. É uma ansiedade constante porque se trata de um meio para o qual não há finalidade. Fica só o sentimento ruim, o medo, a aflição, a angústia. A ansiedade por um futuro que provavelmente nem vai acontecer.

TOC

Outra sigla marota que os mais novos podem achar que tem algo a ver com o TikTok — mas não. Embora seja repleto de tiques, TOC significa transtorno obsessivo-compulsivo. É outra das doenças derivadas do excesso de ansiedade.

O paciente com TOC alimenta pensamentos obsessivos que levam a atitudes compulsivas. Quem olha de fora acaba tachando o indivíduo de maluco, de alguém que tem comportamentos muito estranhos. Na verdade, a pessoa acaba canalizando sua ansiedade para uma ação específica, de forma compulsiva, e isso funciona como uma válvula de escape.

Tenho um paciente, Danilo, que exemplifica como o TOC altera o dia a dia. Toda vez que precisa sair de casa, ele cumpre um ritual para ter a certeza de que a porta ficou trancada: ele sente a necessidade de repetir cem vezes um processo que consiste em trancar a fechadura, dar cinco passos para fora, voltar, abrir, dar cinco passos para dentro. Imagine: com isso ele acaba perdendo muito tempo de seu dia, o que o obriga a acordar mais cedo para ir ao trabalho. Mas é a única coisa que parece lhe dar paz e certeza de que não deixou seu lar vulnerável.

No filme "Melhor é impossível", o personagem vivido por Jack Nicholson é atormentado por sintomas de TOC — por meio dessa história, o espectador consegue entender um pouco o sofrimento vivido por pessoas com tal transtorno. Adriana, outra paciente minha, tem a necessidade de tomar muitos banhos. Exatamente oito pela manhã e oito à noite, antes de dormir. Essa preocupação exagerada com higiene tem consequências muito ruins. Ela perde muito tempo de sua rotina e enfrenta problemas dermatológicos, já que esse exagero faz com que a barreira de lipídios do organismo seja afetada. A pele fica extremamente ressecada e se torna acessível a diversos microrganismos que podem causar mal para a saúde.

Síndrome do pânico

A síndrome do pânico, ou transtorno do pânico, é resultado de um estado de ansiedade muito maior. Quem passa por isso descreve uma sensação de morte iminente e apresenta taquicardia, dificuldade para respirar, náuseas e um medo muito grande. A crise costuma durar de 15 a 30 minutos, que, dado o extremo sofrimento, parecem uma eternidade para o indivíduo.

Os sintomas se assemelham aos do infarto — o diagnóstico só pode ser definido mesmo no pronto-socorro, quando o paciente, com desconforto no peito, passa por exames que conseguem seguramente descartar algo físico e determinar que se trata de uma crise de pânico. Aqueles que vivenciam esse quadro, em geral, passam a evitar os lugares em que tiveram crises — em uma espécie de autodefesa contra os gatilhos. O problema se torna mais complexo porque alguns chegam a ponto de não mais querer sair de casa, com medo de ocorrências desses sintomas. O pânico passa a se tornar, então, um grande limitador.

Já tive pacientes com os quais precisei começar o processo psicoterapêutico atendendo em suas próprias casas, justamente em razão desse contexto. Só após a melhora inicial essas pessoas se sentiam novamente seguras para sair e, aos poucos, poderem ir ao meu consultório. Os episódios de crise de pânico normalmente envolvem duas sensações peculiares: a despersonalização, quando o indivíduo não se reconhece; e a desrealização, quando o ambiente do entorno lhe parece muito diferente.

Escoriações e automutilações

Movidas por intensa ansiedade, algumas pessoas começam a lesionar a própria pele, como uma maneira de aliviar a tensão. É um comportamento automático, não pensado e não intencional: quando percebe, o indivíduo já nota que está cutucando algum ponto da pele, às vezes com a unha, às vezes com um objeto pontiagudo ou até mesmo cortante.

Se isso não for tratado, com o passar do tempo aparecem ferimentos em todo o corpo — e a tendência é a pessoa sentir vergonha, passando a cobrir essas escoriações com roupas de manga comprida, por exemplo, mesmo no calor intenso. Casos mais graves chegam a automutilações.

Pacientes com quadros assim precisam de acompanhamento, e os tratamentos têm de mesclar psicoterapia com medicamento. Não estamos falando simplesmente de uma forma de aliviar a tensão. É uma doença. E necessita ser cuidada com atenção.

Estresse pós-traumático

Por fim, não podemos negligenciar também o distúrbio chamado de transtorno de estresse pós-traumático (TEPT). É uma espécie de retorno constante às sensações experimentadas durante um trauma muito intenso — e isso envolve uma ansiedade extremamente dolorosa. Tal transtorno costuma ser desencadeado por episódios como abuso sexual, assalto, acidente de carro... Enfim, qualquer trauma real forte, normalmente situações em que a pessoa ficou com muito medo e assustada.

Veja bem: não é a mesma coisa que querer contar algum evento ruim para alguém ou mesmo recordar momentos dolorosos em determinadas situações. Quem faz isso, mesmo tendo a ciência de que passou por uma experiência horrível, tem a clareza de que o fato ficou no passado e não atormenta mais o presente. O paciente com estresse pós-traumático revive as mesmas emoções desencadeadas pela ocorrência em si. Como se fosse novamente real.

11

DEPRESSÃO: NA DITADURA DA FELICIDADE, ESSE É O MAL DO SÉCULO

De acordo com o Ministério da Saúde, 15,5% dos brasileiros têm ou terão depressão em algum momento da vida. Você já deve ter ouvido expressões que definem essa doença como o grande mal do século XXI, e muita gente abordando o tema com todo o cuidado que ele merece e precisa. Por outro lado, ainda são inúmeros os preconceitos enfrentados por aquele que sofre de depressão: há quem tache de frescura, falta de fé, falta de Deus, falta do que fazer...

Apesar de parecer algo mais escancarado nesses tempos de instantaneidade e redes sociais, que vendem um ideal desbaratinado de felicidade, a depressão é uma velha conhecida da humanidade. Considerado o pai da Medicina, o sábio grego Hipócrates, que viveu entre os anos de 460 e 370 a.C., descreveu como melancolia uma certa doença com sintomas mentais e físicos peculiares, caracterizados por ele como "medos e desesperos, com duração muito longa". Faz muito sentido pensar que ele estava se referindo à depressão.

Costumo explicar esse quadro como sendo de um transtorno, e não de uma doença pontual. Para as ciências médicas, transtorno é quando podemos fazer o diagnóstico sem que todos os sintomas estejam presentes.

A depressão não é exatamente tristeza. Tristes todos nós ficamos, é parte da vida: é natural que sintamos tristeza quando experimentamos algo que nos parece ruim ou decepcionante. A escritora e poetisa Adélia Prado costuma dizer que felicidade é apenas o intervalo entre duas tristezas. Essa ditadura da felicidade é assustadora: na crença de que não é bom sentir tristeza, as pessoas buscam fugir da realidade com álcool ou drogas.

"Acho o sofrimento importantíssimo", disse a escritora em uma entrevista. "Todos temos motivo para sofrimento: a finitude da vida, nossa precariedade, nós envelhecemos, adoecemos, morremos, temos amor, temos ódio, esperança, desconfortos físicos, morais, filosóficos... Tudo isso é sofrimento."

Depressão é uma tristeza que parece não ter fim. Que vem como consequência, na verdade, da falta de energia, da apatia, da incapacidade sentida por aquele que sofre de depressão. Outros sintomas comuns a esse tipo de paciente são a irritabilidade, a desesperança, a baixa autoestima e a falta de libido. Alterações de sono, de apetite e até de hábitos de higiene também são sinais recorrentes. Porque a pessoa não nutre desejo por mais nada, não vê a tal luz no fim do túnel, a perspectiva de melhora. É como se lhe faltasse objetivo na vida.

Há vários tipos de depressão. O chamado episódio depressivo costuma ser uma vivência curta, de até seis meses, em que não há a intensificação dos sintomas. Em geral, tem uma causa definida. Por exemplo, a famosa depressão pós-parto, em que a nova mãe acaba se vendo completamente confusa logo após o nascimento do bebê, muitas vezes relatando uma culpa por não querer amamentar ou sentir que não gosta o suficiente do filho que acabou de ganhar.

Tenho muitos pacientes com depressão. Alguns me procuram em busca de terapia justamente depois de receberem o diagnóstico; em outros, sou eu quem primeiro identifica os sintomas; por fim, há aqueles pacientes de longa data que, durante o processo, acabam enfrentando um período de depressão. Talvez pelo tabu que envolve a doença, talvez pela própria sensação de incapacidade que assola a pessoa, em geral as reações imediatas ao diagnóstico são bastante difíceis, principalmente quando a depressão não tem uma causa específica, um fator desencadeante.

"Poxa, está tudo bem, não era para eu estar me sentindo assim justo agora" ou "É até injusto, porque eu não tenho motivo para reclamar". Frases desse tipo costumam ser ditas pelo paciente. É muito comum que ele sinta culpa, como se isso fizesse sentido. A pessoa se sente culpada justamente por não estar conseguindo ver graça na vida. E tantos são os estigmas sociais que outros também tendem a culpar essa pessoa. Como se depressão fosse frescura. Como se estar deprimido fosse uma opção, uma escolha. Como se o paciente só quisesse chamar a atenção.

Há também aqueles que, bem-intencionados, tentam provocar uma reação, incentivar a pessoa a fazer atividades, a retomar o ânimo. O problema: em geral, quem tem depressão não encontra um jeito de recuperar a energia, tamanha é a sensação de apatia e inércia. Nesse ponto, é comum que se estabeleça um círculo vicioso. O paciente se fecha no desânimo, os familiares e amigos também não conseguem reagir — e, pior, não veem o quadro como um conjunto de sintomas de uma doença.

Suicídio

Como toda doença, a depressão precisa ser tratada. O objetivo principal, claro, é fazer com que o paciente consiga melhorar, ter uma vida mais confortável e, em algum momento, ficar curado. Trata-se de um processo que costuma ser longo e durante o qual todos precisamos ter paciência — quem tem depressão, todos os que convivem com essa pessoa e até eu mesma, na condição de terapeuta.

A pior consequência que pode ocorrer, sem dúvida, é o suicídio — ou mesmo as tentativas de praticar o ato. É um problema que precisa estar entre as preocupações constantes dos profissionais que tratam pacientes com depressão. Estudos indicam que 40% das tentativas de suicídio têm como causa a depressão, e calcula-se que de 2% a 7% dos adultos com depressão acabam morrendo em decorrência de suicídio.

E um indicativo de quão grande é o desespero daqueles deprimidos que buscam abreviar a vida é que, em geral, os métodos escolhidos são extremamente dolorosos, como envenenamento e enforcamento. O que nos faz pensar quão profunda é a dor que a pessoa está sentindo justamente por causa da depressão.

Como psicóloga, noto, contudo, que a maior parte dos meus

pacientes com depressão não quer exatamente tirar a própria vida, mas sim sair da dor da depressão. Nosso maior instinto é o de preservação da vida. Isso mostra a dimensão da dor e do desespero de um paciente com depressão, para o qual sentir que morrer causa menos dor do que continuar vivendo.

Na falta de perspectiva de melhoras, as pessoas nessa condição acabam manifestando o desejo de "querer sair do mundo". Já ouvi isso de vários pacientes: "Eu não quero me matar, mas se eu fosse tirado do mundo eu seria mais feliz"; "Queria um botãozinho que me tirasse daqui". Tecnicamente, podemos afirmar que ali o paciente tem uma ideação suicida. Mas lhe falta coragem para promover o ato. Então, se alguém pudesse mandá-lo para longe do mundo, estaria tudo bem.

Entre os meus pacientes, aqueles que tentaram o suicídio normalmente relatam que ficaram muito assustados quando chegaram ao hospital. Ou seja, foi o momento em que caiu a ficha. Essas pessoas precisam ter uma atenção especial dali em diante, precisam ser olhados muito de perto, porque realmente correm risco de vida e, em alguns casos, demandam um acompanhamento 24 horas por dia. Caso a família não consiga estar por perto, garantindo a segurança desse paciente e que ele tome o medicamento correto e no horário adequado, uma internação pode ser necessária.

Rogério chegou ao meu consultório quando tinha 43 anos e um histórico de duas tentativas de suicídio. A primeira conduta que tomei foi encaminhá-lo para um psiquiatra — um paciente assim precisa de medicação, além da psicoterapia. Também recomendei aos familiares que o mantivessem, de alguma forma, sob supervisão constante. Levou um pouco de tempo, é claro, mas Rogério abandonou as ideias suicidas. Ressignificou o casamento, identificou as cicatrizes de onde vinham suas dores e aprendeu a lidar com tudo isso. Hoje ele acredita que a vida, com todos os problemas, vale a pena ser vivida.

A sensação de susto do paciente também alude à incerteza. Consciente de que tentou se matar, a pessoa costuma ficar com medo de que aquilo aconteça de novo, que aquela escuridão se repita. Ao mesmo tempo, há o sentimento de culpa, de achar que a família ficou decepcionada e que houve uma falha grave. E malsucedida. Sim, há a culpa e a vergonha da tentativa de suicídio, a culpa e a vergonha do insucesso da tentativa de suicídio — e elas se acumulam de uma forma ainda mais dolorosa e cruel com a própria pessoa.

Eu já escutei de paciente: "Pelo menos se eu tivesse conseguido me matar, eu não estaria passando agora a vergonha de ter tentado" ou "Nem me matar eu consegui, nem disso eu sou capaz". Ao longo dos anos de consultório, adotei uma prática para casos assim. Estabeleço um pacto com essas pessoas: se elas tiverem novamente vontade de se matar, que me procurem. Para conversar. Deixo bem claro que não quero cartinha póstuma, porque isso não me serve para nada. Quero uma conversa. Que me procurem pessoalmente, que mandem mensagem no WhatsApp, que me telefonem.

E, por incrível que pareça, isso tem funcionado. O que prova que o vínculo terapeuta-paciente é forte e intenso — a ponto de ele não desrespeitar um combinado e não fazer algo grave sem, antes, me avisar. Então, uma vez acionada pelo paciente, consigo fazer um atendimento de urgência. Só estou pedindo para ser avisada. E, como na terapia não há julgamentos e a intimidade e o acolhimento são totais, esse paciente costuma pedir socorro. Essa postura salva vidas.

Mas é preciso um certo tempo para criar esse compromisso. Nunca vou me esquecer de um menino de 23 anos, Fernando: ele veio para a terapia porque falava que queria se matar. Fizemos apenas uma sessão e ele se jogou do alto de um prédio alguns dias depois. É importante que os familiares ou o próprio paciente percebam os sintomas da depressão para procurar tratamento antes de um possível final trágico.

Tratar é possível — e é preciso

É muito difícil apontar uma só causa para a depressão, pois a doença pode ser desencadeada por fatores físicos e emocionais. A perda de alguém querido, a falência financeira, o desemprego e um divórcio são exemplos recorrentes de gatilho para depressão. Mas há também casos de pacientes que desenvolvem os sintomas após um acontecimento positivo e teoricamente feliz, como o casamento, a formatura, o nascimento de um filho ou a seleção para o emprego dos sonhos. Nesse aspecto, o que ocorre é uma sensação de que aquela expectativa há tanto tempo almejada não correspondeu ao fato real.

Já tive pacientes que apresentaram depressão depois de submetidos a uma muito aguardada cirurgia bariátrica. Porque a felicidade era a comida, e, quando esse prazer foi tirado, nada acabou servindo como compensação. Afinal, a magreza por si só não traz a felicidade, por isso, em casos de decisões complexas, como fazer ou não uma cirurgia como essa, o ideal é passar por uma minuciosa avaliação que compreenda também o aspecto psicológico.

No aspecto físico, é comum que uma pessoa tenha depressão depois de ser diagnosticada com alguma doença grave. Nesse caso, precisamos ter uma abordagem ampla: não adianta tratar só a doença descoberta, imaginando que sua eventual cura solucionará a depressão. Em outras palavras, não é removendo a causa que se consegue curar a depressão, justamente porque ela é, por si só, uma doença e precisa estar também no foco do processo terapêutico.

Isto vale para tudo: achar que resolver o problema do gatilho é fazer sarar a depressão é uma abordagem muito equivocada — e muito simplista para um assunto que é extremamente complexo. Cientificamente, a depressão é provocada por uma alteração química do cérebro. Mas é importante ressaltar que há tratamentos muito eficientes. Hoje em dia, existem muitos medicamentos antidepressivos, cada qual com características que podem funcionar de forma mais adequada a cada perfil de paciente. E os medicamentos estão cada vez mais modernos, causando poucos efeitos colaterais.

Também é grande o preconceito com relação a esses remédios. Já ouvi pacientes dizendo que não querem tomá-los porque acreditam que tais drogas os deixariam apáticos, sem libido ou com a sensação de estarem sedados. Mas não é bem assim que esses medicamentos funcionam: eles servem para ajudar a dar energia, mudando aquilo que está faltando na composição química do cérebro alterado. Na maior parte das vezes, a apatia, a falta de interesse sexual e a inércia são sensações que decorrem da depressão por si só, e não do remédio tomado para ajudar a pessoa a sair dessa situação.

Ditadura da felicidade

Em uma era em que tudo é postado em troca de *likes* nas redes sociais e em que há uma ilusão de felicidade no exibicionismo alheio, as pessoas tendem a se sentir cobradas por esse ideal fictício, como se ser feliz fosse um sentimento constante e obrigatório. É a chamada ditadura da felicidade.

Esse paradigma desencadeia um discurso que é recorrente, uma linha argumentativa que ouço muito em meu consultório. A pessoa coloca suas fichas em determinado objetivo e acredita que, quando chegar até ele, todos os problemas estarão resolvidos. Algo como "quando eu ganhar dinheiro, serei feliz", "quando eu tiver minha casa, estarei realizado", "quando eu me casar, tudo será perfeito" ou "quando eu emagrecer, vou me sentir pleno". Balela. Essa ideia de que a meta trará felicidade só gera uma expectativa torta, que vai resultar em decepção.

É preciso entender que a felicidade de cada um não está fora, não está em outra pessoa e muito menos em outras coisas, porque felicidade é um sentimento, não um acontecimento. Sem dúvida, essa percepção equivocada acaba funcionando como um gatilho para episódios de depressão. Mas se não conseguimos mudar o mundo, o jeito é aprender a lidar com isso de forma a sermos menos afetados.

O saudoso escritor e psicanalista Contardo Calligaris fez uma interessante comparação: até a década de 1950, as pessoas posavam sérias para as fotografias; depois disso, exibir um largo sorriso passou a ser uma característica de tais momentos. "Tem uma obrigação terrível de ser feliz, de mostrar que é feliz e convencer todo mundo que você é feliz", pontuou. Sábio ele.

12

BURNOUT NÃO É CANSAÇO

O *burnout* é uma doença contemporânea. E pode trazer consequências muito graves. Em 2022, a Organização Mundial da Saúde (OMS) passou a classificar o *burnout*, também chamado de síndrome do esgotamento profissional, como uma doença ocupacional. Em outras palavras, isso significa que a causa do *burnout* é o trabalho. Então, mais do que nunca, essa passou a ser também uma preocupação dos empregadores — e não só dos empregados sufocados por demandas infinitas e enfrentando jornadas estressantes.

Entender uma doença como algo decorrente do trabalho é defini-la como fator que prejudica todos os envolvidos nesse contexto, do trabalhador ao patrão. Por isso, as empresas têm investido em programas preventivos, buscando diagnosticar quadros iniciais ou mesmo promover mudanças no ambiente e na organização laboral que visem evitar mais casos assim.

Muitos confundem *burnout* com cansaço. Outros decidem antecipar as férias, achando que um mês viajando e curtindo a família vai resolver a questão. Não, não é por aí. Uma pessoa cansada dorme, tem uma boa noite de sono e acorda zerada no dia seguinte. *Burnout* é um estágio maior, muito mais intenso de exaustão. Dormir uma boa noite de sono não resolve. É preciso mudar alguma coisa (ou algumas coisas) na vida dessa pessoa para que ela consiga descansar e, só então, retomar uma rotina de normalidade.

Os indivíduos afetados pelo *burnout* se sentem como se tivessem sido desligados da tomada. Apagam. Não conseguem mais produzir, não conseguem fazer mais nada. Na maioria dos casos, inclusive, precisam se afastar do trabalho, porque já não têm condições de desenvolver suas tarefas.

Pressão

Imagine uma panela de pressão funcionando. É tenso o que está acontecendo ali dentro, com a água fervendo e cozinhando o feijão. Mas toda aquela força, quando atinge o limite, encontra um escape pelos furinhos da válvula de segurança. É o que garante que o mecanismo não exploda e não destrua sua cozinha.

Se a panela não for bem-cuidada, com o tempo essas válvulas podem entupir, de tanta sujeirinha acumulada. Com menos saída para o ar, ouve-se até um certo assobio esquisito durante o cozimento. Se a manutenção e a limpeza seguirem sendo negligenciadas, vai chegar uma hora em que tudo estará entupido. É o fim.

O *burnout* também é resultado de um acúmulo de pressão sem um bom escape na cabeça do funcionário. Não acontece de uma hora para a outra — é acarretado por um processo, cuja maturação varia conforme a intensidade dessa carga e, claro, a resistência psicológica de cada um.

É uma doença que acaba afetando muito mais pessoas que trabalham com situações de extrema responsabilidade, sendo pressionadas por cobranças constantes, enfrentando jornadas excessivas, com carga de trabalho maior do que o normal e, muitas vezes, exigências da chefia que são incompatíveis com suas qualificações ou habilidades.

O resultado inicial desse caldeirão é o trabalhador se sentindo incompetente e achando que não é capaz de render o suficiente, o esperado. Afinal, sempre é preciso fazer mais. Mais e mais. E o reconhecimento não chega nunca.

Começa com um cansaço pontual, que vai se tornando recorrente. Depois, constante. São os primeiros sinais. Então vem a exaustão. Corpo e mente parecem não conseguir mais se sentir restaurados. Até que chega o esgotamento total.

Sintomas

Uma pessoa com *burnout* costuma apresentar sintomas muito parecidos com os da depressão. São trabalhadores que vivem irritados, com a permanente aparência de insatisfação. Muitas vezes descambam para a agressividade, ao menos no campo verbal. Também apresentam características, como apatia, pessimismo e alterações inexplicáveis de humor. Junto ao sentimento de incompetência (normalmente infundado!) vêm a negatividade constante, a insegurança, a sensação de fracasso e a busca por isolamento.

O corpo também sente, é claro. A doença traz dor no corpo, taquicardia, alteração na pressão arterial. Há ainda relatos de alteração no apetite, dificuldade para dormir, dor de cabeça frequente e problemas gastrointestinais. Com esse conjunto de sinais, a pessoa costuma ter dificuldade para se concentrar e passa a desenvolver uma perda de interesse e foco no trabalho.

Muitas vezes, o próprio trabalhador não percebe que está acometido pelo *burnout*, porque os sintomas vão se intensificando de forma gradual — e boa parte deles segue acreditando que se trata apenas de um cansaço. Não é incomum que aquele que tem *burnout* busque no alcoolismo, nas drogas e no abuso de medicamentos um alívio para o quadro em que está imerso. Ideações suicidas também ocorrem.

Trabalho não é tudo, claro

Essa é uma doença muito séria e que precisa ser diagnosticada por um profissional da saúde — um psicólogo ou um psiquiatra. Não se cura tirando férias, mas sim promovendo mudanças no trabalho e no equilíbrio das emoções. Por meio da psicoterapia, o trabalhador aprende a equalizar melhor sua vida, lidando com a ansiedade e com a concentração. É preciso, ainda, ressignificar a vida familiar, os *hobbies* e o lazer e conseguir recolocar na vida dessa pessoa suas fontes de prazer.

Incluir uma atividade física na rotina também surte efeitos positivos, porque quem tem *burnout* é aquele tipo 100% trabalho, é só trabalho, só pensa no trabalho, vive para e pelo trabalho. E, ao mesmo tempo que tem essa ideia fixa no trabalho, passa a não conseguir mais executar o trabalho — esse círculo vicioso causa insatisfação constante.

Na prática, observo em meu consultório que algumas profissões parecem mais suscetíveis ao desenvolvimento do *burnout*. São atividades muito ligadas a rotinas estressantes, em ambientes de intensa competitividade e responsabilidade. Considerando meus pacientes, vejo mais casos assim entre médicos e outros profissionais da saúde (muitos afetados em períodos de crise sanitária, como foi a pandemia de covid), professores (que ainda lidam com a baixa valorização financeira da atividade, que é primordial), policiais (que vivem uma guerra diuturna em um contexto de altos índices de criminalidade e violência) e jornalistas (que, além das pressões habituais da carreira, agora também enfrentam ataques raivosos constantes nas redes sociais).

Sandro atuava como jornalista em um grande grupo de comunicação e decidiu radicalizar: trocou de profissão depois do *burnout* — curado, ele me disse que não suportaria passar por isso tudo outra vez. Em seus últimos meses de jornal, ele tinha acesso de tosse quase sufocante sempre que saía da redação com destino à sua casa. Em sua cabeça, pensava que a qualquer momento da noite o celular podia tocar com seu chefe pedindo um complemento para a reportagem.

Maurício é um paciente que começou a se tratar por causa do *burnout*. Ele não sabia que tinha a doença, mas vinha se queixando que andava se sentindo mal na empresa, porque sempre se via como insuficiente e considerava seu desempenho insatisfatório, aquém do esperado pela chefia. Aos poucos, essa rotina de cobranças e autocobranças passou a influenciar negativamente a sua vida. Em casa, ele já não tinha mais paciência com a mulher nem com os filhos. Foi ficando cada vez mais irritado, ranzinza, mal-humorado.

O estágio seguinte passou a ser ainda mais intenso. Começou a se tornar rotina seu organismo reagir de forma negativa quando ele estava prestes a entrar no trabalho. Ele vomitava faltando um quarteirão para chegar. Quase todos os dias. Ele estava em tal estágio de esgotamento físico e mental que realmente precisava se afastar do emprego. Sua carreira foi prejudicada. A empresa foi prejudicada, porque perdeu um profissional muito promissor e de qualidade. Sua família foi prejudicada, porque se viu privada de todo o lado bom daquele homem.

Foram meses para ele conseguir se reajustar. Hoje ele parece ter reencontrado a felicidade, o prazer de viver. E, inclusive, diz que ama mais seu trabalho e sua profissão do que antes — agora sabendo equilibrar melhor o tempo dedicado ao trabalho. A história dele terminou bem porque ele teve a sorte de ter procurado ajuda em tempo hábil. Alertado pela família, abriu os olhos e entendeu que, sozinho, não iria conseguir romper esse ciclo pernicioso. Nem todos têm esse privilégio: muitos casamentos terminam por causa do *burnout* — e muitas carreiras não se desenvolvem bem por causa do *burnout*.

13

CORAÇÃO SOB PRESSÃO

Estresse constante e uma vida atribulada, cheia de emoções, são fatores que podem desencadear a chamada hipertensão arterial — que, quando não somos médicos e não estamos na frente de um médico, costumamos chamar simplesmente de pressão alta.

Para explicar melhor como isso ocorre no organismo e quais são as consequências dessa condição para a saúde, convidei um grande especialista: o médico cardiologista Luiz Bortolotto, diretor da Unidade de Hipertensão do Instituto do Coração (Incor) de São Paulo. Ele também é professor na Faculdade de Medicina da Universidade de São Paulo (USP) e tem uma notável carreira acadêmica. Então, com a palavra, Dr. Luiz Bortolotto.

Hipertensão arterial: uma doença cheia de emoções

Todo mundo conhece alguém que diz ter pressão alta ou hipertensão. É a doença crônica não transmissível mais prevalente em todo o mundo: atinge um terço da população adulta do Brasil. Quando não tratada de forma adequada, pode levar a infarto do coração, acidente vascular cerebral (AVC) ou derrame, ou mesmo à falência dos rins, com necessidade de diálise.

Mas, afinal, o que é hipertensão? É só um número que a gente mede com aquele aparelho de nome estranho, o esfigmomanômetro? Hipertensão é uma doença que ocorre quando as artérias, os vasos sanguíneos que carregam o sangue oxigenado para o corpo todo, têm uma resistência maior ao fluxo de sangue que vem do coração. Isso causa uma tensão muito grande em todo o sistema circulatório.

Imagine o coração como uma torneira e a artéria como uma mangueira conectada. Quando abrimos a torneira, se a mangueira tem uma borracha bem elástica e a ponta sem resistência, a água corre livremente e o jato é forte. Se a mangueira for de um material mais duro e o orifício de saída mais apertado, a pressão fica maior quando abrimos a torneira e o fluxo de água fica mais difícil. É exatamente assim que acontece com nossas artérias. E aí vem a pergunta que não quer calar: o que causa a hipertensão? São vários fatores que contribuem para o aumento persistente da pressão, como alterações genéticas dos vasos, excesso de consumo de sal, aumento de peso, sedentarismo... E o estresse repetitivo.

É esse ponto que vou abordar mais profundamente, desvendando como as emoções, a ansiedade e a sobrecarga de estresse no dia a dia, inclusive no seu trabalho, podem alterar sua pressão arterial, causando hipertensão. Além disso, vamos exemplificar situações em que o uso de algumas substâncias, como anorexígenos, ou distúrbios endócrinos, podem aumentar a pressão e também causar muita ansiedade, confundindo médicos, psicólogos e os próprios pacientes, prejudicando o diagnóstico correto.

Pressionados e estressados

Tenho certeza de que você já ouviu esse alerta diversas vezes, até mesmo de profissionais da saúde: sua pressão está alta porque você está muito estressado e, por isso, não adianta tomar remédio. Pois eu também já vi o contrário. Gente que passa por uma situação estressante, vai ao pronto-socorro e é diagnosticada com pressão alta. Aí, após o medicamento, acaba passando mal — porque, na verdade, não era hipertensa.

Isso aconteceu com o Carlos. Ele começou a apresentar sintomas de palpitação excessiva, angústia no peito, sensação de que iria morrer... Quando media a pressão, nesses momentos, via valores muito elevados e corria para o pronto-atendimento. Então, sempre era medicado. Tanta era a procura que logo ele já estava tomando regularmente remédios para a hipertensão, prescritos pelo clínico geral. Depois de alguns dias, começou a sentir tontura e quase desmaiou — sua pressão estava muito baixa. Carlos ficou extremamente confuso. "Tenho ou não pressão alta?", perguntava-se, intrigado.

Essa historinha ilustra como é importante ficarmos atentos às influências do estado emocional sobre a pressão arterial, para evitar diagnósticos equivocados e tratamentos inadequados. Para fazer o diagnóstico da hipertensão arterial, é preciso medir a pressão com técnica adequada, em um ambiente apropriado e calmo, sempre por um profissional da saúde, em pelo menos duas ocasiões diferentes — às vezes até mais. Por que isso? Ora, porque a pressão arterial varia momento a momento, para permitir que o organismo funcione corretamente nas diferentes situações de nossa rotina.

Por exemplo, quando fazemos um exercício físico, precisamos de mais sangue com oxigênio em nossos músculos. Assim, o cérebro manda uma ordem ao nosso sistema circulatório, fazendo com que o coração acelere para mandar mais sangue para os órgãos e, com isso, a pressão arterial sobe. No outro extremo, quando dormimos, o estímulo para o coração e para as artérias diminuem, e a pressão fica mais baixa.

Isso tudo acontece sem a gente precisar pensar, graças ao chamado sistema nervoso autônomo, que tem duas vias: a simpática — às vezes não tão simpática — e a parassimpática. Elas vivem em constante equilíbrio para evitar grandes oscilações da pressão arterial e, consequentemente, evitar sobrecarga de pressão ou falta de circulação para os órgãos mais nobres, como o cérebro, os rins e o próprio coração. O sistema nervoso simpático é ativado no exercício ou quando passamos por uma situação estressante, já o parassimpático atua mais quando estamos relaxados ou dormindo.

No caso de nosso amigo Carlos, o sistema simpático está sob estímulo constante, pois ele apresenta forte ansiedade. Então sua pressão sobe, seu coração acelera. E ele sente sintomas de palpitação, dor de cabeça e angústia, como se realmente fosse lhe acontecer algo mais grave. E quanto mais se medir a pressão nesses momentos, mais se verá que ela está alta, mais ansioso Carlos ficará, mais alta ainda será a pressão. Há um círculo vicioso nisso.

Por isso, é importante reconhecer esse tipo de situação e explicar para o paciente o que está acontecendo. E só fazer a aferição da pressão após um período de relaxamento, uma boa conversa, uma respiração mais lenta. Aí equilibramos a atividade do sistema autônomo e uma nova medição da pressão mostrará um valor mais correto e próximo do basal. Nessa condição considerada ideal, se a pressão estiver maior ou igual a 140/90 mmHG — costumamos dizer 14 por 9 —, então a pessoa é hipertensa. E tem necessidade de medicamento.

Carlos, na verdade, não era hipertenso. Ele sofria de síndrome do pânico. E o tratamento indicado para ele é a psicoterapia — sempre em sintonia com o profissional médico, visando melhorar a saúde mental e física do indivíduo. Equilibrar as emoções é parte essencial do tratamento. Nós, como cardiologistas, precisamos ficar atentos a esses desequilíbrios, pois as manifestações clínicas têm impacto direto no coração, o órgão considerado símbolo da vida e do amor. Para tratar bem do coração físico, é preciso levar em conta também a terapia do coração emocional. Só assim conseguimos os melhores resultados.

Pressão do trabalho, pressão no coração

Já entendemos que situações de estresse aumentam a pressão arterial, mas ela volta aos níveis normais após relaxarmos. Mas a situação é mais complicada quando estamos falando de um estresse repetitivo — por exemplo, aquele decorrente de uma pressão constante no trabalho.

É o caso daqueles acometidos pela síndrome de *burnout*, já abordado anteriormente. Vários estudos mostram que a exposição ao *burnout* pode gerar aumento permanente da pressão arterial, deixando o indivíduo hipertenso. Segundo essas pesquisas, o *burnout* seria a raiz de muitos casos de hipertensão entre profissionais da área da saúde, professores universitários e gerentes de empresas.

E por que isso acontece? Novamente, precisamos falar sobre o sistema nervoso autônomo, aquele que funciona sem a gente pensar. E aqui enfatizo sua atuação junto ao eixo que inclui o hipotálamo e a hipófise, no cérebro, e a glândula adrenal — são os sistemas que primeiro respondem aos estressores entre os humanos, pois o *burnout* causa um desequilíbrio persistente entre demandas e recursos. E essa incompatibilidade pode levar à ativação sustentada do sistema nervoso simpático (o sistema estressor) e supressão do sistema parassimpático (o sistema relaxante). O resultado é que o nível de adrenalina passa a aumentar de forma persistente, fazendo subir a pressão arterial por causa da vasoconstrição permanente.

Outra possibilidade se baseia na atuação de um hormônio também ligado ao estresse: o cortisol. Há evidências que comprovam a ocorrência de excesso dele em indivíduos com *burnout*, e isso ativa o sistema nervoso simpático — por meio de outro hormônio, chamado corticotropina —, desencadeando aumento da pressão. Por isso é muito importante reconhecer o mais cedo possível essa situação clínica. O trabalho conjunto entre cardiologista e psicólogo pode trazer bem-estar ao paciente. Aí a pressão dele não vai aumentar. E seu coração vai palpitar de agradecimento.

Pressão alta e distúrbios emocionais com a mesma origem

É comum a pessoa tomar um susto quando mede a pressão arterial e vê valores muito elevados. E isso tem o potencial de desencadear um círculo vicioso: quanto mais ansioso fica o indivíduo, mais a pressão aumenta. Na sequência, podem aparecer sintomas como palpitação, suor frio, agitação — e visitas frequentes ao pronto-socorro. Esse quadro acarreta, em geral, tratamentos desnecessários.

Na maioria das vezes, a base do problema está na ansiedade, na depressão ou em outros distúrbios emocionais, para os quais a recomendação é o tratamento psicoterápico. Contudo, embora raramente, há alterações orgânicas que podem causar tanto hipertensão arterial quanto distúrbios emocionais. E é muito importante que médicos e psicólogos tenham conhecimento dessas patologias, para evitar tratamentos inadequados e complicações de saúde física e mental.

Compartilho aqui dois exemplos de casos clínicos vistos na minha prática médica. Uma jovem de 16 anos começou a enfrentar episódios de tremores, palpitações, dor de cabeça e muita ansiedade. Esse conjunto de sintomas aparecia sempre que ela passava por uma contrariedade.

Essa jovem passou a ter medo de sair de casa sozinha. Procurou atendimento médico e foi diagnosticada com síndrome do pânico. Ao longo de dois anos, ela se tratou com ansiolíticos, sem auxílio de terapia e sem melhora do quadro. Ninguém aferiu sua pressão em nenhuma consulta. Até que um dia, depois de brigar com sua mãe, teve os mesmos sintomas. Foi ao pronto-atendimento e constataram batimento cardíaco elevado e pressão 18 por 12. Foi medicada com ansiolítico e orientada a procurar um cardiologista e um psiquiatra.

Pausa para outro caso. Mulher, 45 anos, encaminhada por surtos psicóticos que vinham de vários anos. Eram situações em que ela suava frio, tinha palpitações e sofria de grande agitação. Manifestava, ainda, falas agressivas e sofria desorientação. Em um desses episódios, foi internada em um hospital psiquiátrico, onde lhe foram prescritos vários antipsicóticos. Entretanto, não houve sucesso terapêutico.

Em uma das crises durante a internação, a psicóloga que a acompanhava percebeu que a paciente suava muito e estava pálida. Ela chamou o médico de plantão, que constatou que a frequência cardíaca da paciente era de 150 batimentos por minuto e a pressão arterial, 20 por 13. Ele levantou a suspeita de algo diferente.

O que ambas as pacientes têm em comum? Um tumor de glândula adrenal. Ela fica posicionada acima do rim e é responsável pela produção de vários hormônios, como cortisol e adrenalina. O tumor é raro, chamado oficialmente de feocromocitoma — ou, simplesmente, FEO. Tem um componente de mutações genéticas e suas células desencadeiam excesso de produção de adrenalina, de forma contínua ou em pulsos, causando exatamente os sintomas vivenciados por essas duas mulheres.

Habitualmente, os portadores desse tumor vivem agitados, sendo considerados ansiosos. Alguns deles apresentam surtos notáveis de agitação, com alterações de comportamento — como nos casos descritos. Tais episódios são denominados psicose adrenérgica e, quando não reconhecidos adequadamente, acabam suscitando tratamentos indevidos por muitos anos — que comprometem não só a saúde física como a mental.

O tumor, felizmente, é benigno na maior parte dos casos. Quando retirado, o paciente apresenta melhora total do quadro. As duas pacientes que citei foram operadas e seus tumores foram extraídos totalmente, com remissão completa da doença — inclusive a mudança de comportamento foi tão grande que se tornaram irreconhecíveis pela família: os mais próximos passaram a classificá-las como pessoas extremamente zen.

Fica a lição: olhares clínicos mais atentos podem modificar a condução de um caso, com resolução total do problema. E o trabalho conjunto entre cardiologista e psicólogo é fundamental nos casos em que a pressão aumenta, o coração dispara e a ansiedade é exagerada.

Exagero em remédios

Na lista das perguntas recorrentes que, como médico, ouço em meu consultório, merece destaque: "Doutor, mas esse remédio tem algum efeito colateral?". Sinto informar, mas todos os medicamentos podem apresentar efeitos adversos — são bem tolerados, a maioria deles, e com pouca frequência. É importante que os pacientes recebam orientações médicas e farmacêuticas adequadas para saberem sobre essas possibilidades e sobre como agir em casos específicos.

O problema, entretanto, pode se tornar fora de controle quando a dose dos medicamentos é excessiva ou quando são utilizados indiscriminadamente, sem orientação médica. Aí podemos estar diante de problemas sérios. E a hipertensão é um dos efeitos colaterais presentes em muitos medicamentos tomados sem prescrição, como anticoncepcionais orais, anorexígenos (remédios para inibir o apetite), anabolizantes (ingeridos por alguns frequentadores de academia), medicamentos para reposição de hormônios da tireoide (que também aparecem em fórmulas mirabolantes para emagrecer), descongestionantes nasais, entre outros.

No meu consultório, são raras as semanas sem ao menos um caso em que a pressão ficou elevada por causa de medicamentos desse tipo. E há casos em que, além do aumento da pressão, o excesso do medicamento também deixou o indivíduo agitado, ansioso e apresentando sintomas equivalentes aos da síndrome do pânico. Costumo contar a história de uma paciente com sobrepeso que, incomodada com o corpo, procurou atendimento médico guiada por *posts* em redes sociais — esses que relatam casos milagrosos de celebridades que emagrecem muito em pouquíssimo tempo.

Conseguiu que prescrevessem para ela uma fórmula com nada menos do que 20 princípios ativos. Desde que começou a tomar, passou a sentir palpitação, agitação e nervosismo. Sua pressão subiu muito. Chegou até a procurar o pronto-socorro, onde recebeu medicamento para abaixar a pressão. Entre os componentes da fórmula havia tiroxina (hormônio da tireoide) em dose alta, anfetamina (para cortar o apetite) e licorice (alcaçuz). Combinadas, essas substâncias criaram as condições propícias para o aumento da pressão e da frequência cardíaca, explicando os sintomas da paciente.

Em outro caso, um adolescente tomou aqueles suplementos que vêm em potes enormes. Ele queria ficar sarado igual a seus amigos. Teve taquicardia e aumento da pressão. Entre os componentes ingeridos por ele havia diversos anabolizantes, incluindo até hormônio de crescimento — uma verdadeira bomba para as artérias e para o coração.

É muito importante não sair tomando desenfreadamente, sem ajuda médica ou psicológica, medicamentos que supostamente podem causar bem-estar inicial para o corpo ou para a alma. O risco de a pressão aumentar e a pessoa ter complicações graves é muito grande. Cuidar da pressão arterial é proteger o coração de todas as emoções físicas e emocionais. Nesse ponto, psicologia e cardiologia podem fazer, juntos, a diferença na vida das pessoas.

14

BORA PRA FESTA?

Hoje em dia é praticamente regra que qualquer festa tenha bebidas alcoólicas. As festas que não têm não são consideradas boas. Mas espere aí: não estou falando de festa de adultos. Estou falando de festa de adolescentes de 12, 13 anos. No Brasil, você sabe, é proibido o consumo de álcool por menores de idade.

Mas muitos pais, no intuito de fazer uma festa legal para o filho ou para a filha, uma festa que fique cheia (porque sabe que numa festa onde não tem bebidas ninguém vai), oferecem álcool aos jovens. Qual mensagem esses pais estão passando? Se ninguém está vendo, então pode, está liberado. E esses adolescentes estão crescendo com essa mentalidade que se for ilegal, mas ninguém vir, está tudo bem.

O álcool é fácil de comprar, tem no supermercado. Experimente passar uns minutos no supermercado perto de sua casa numa sexta ou sábado à noite e veja do que estou falando. Estamos enfrentando um sério problema com drogas com adultos, mas, principalmente, com adolescentes jovens. E lá se vão eles para as festas. Nas festas, os adolescentes mais populares, meninos e meninas, são os que falam que dão P.T. (perda total).

Dar P.T. significa que a pessoa bebeu tanto que perdeu o senso crítico, está vomitando e, não raras vezes, fazendo sexo no banheiro da festa. Estou falando do caso real de uma adolescente de 12 anos que se trancou no banheiro com um menino e fez sexo oral nele. Os dois bêbados.

Parece que as festas mais legais são as que deixam as pessoas com a consciência alterada, fazendo coisas que acham que os tornam adultos. Por isso, nas festas em que os pais proíbem bebidas para menores, poucos colegas vão, e vemos o dono ou a dona da festa muito triste, não se achando popular. Os jovens não conseguem aproveitar as festas sem algum tipo de droga. Valores completamente invertidos. Vamos falar de outras que entram em festas de adulto também.

Uma paciente, de 16 anos, saiu alcoolizada de uma festa guiando o automóvel que o pai havia emprestado. Estava com o irmão de 14 anos. Bateu o carro, teve traumatismo craniano, o irmão quase teve uma perna amputada. Veio para a terapia porque agora está em pânico e depressão ao pensar no que poderia ter acontecido. As pessoas precisam chegar ao limite — medo de morrer, de engravidar, de pegar uma doença sexualmente transmissível (DST) — para se prevenir e começar a pensar no antes, e não no depois. Às vezes não dá tempo de pensar no depois. Tenho uma paciente que estava no carro depois de uma festa, e perdeu dois amigos que morreram quando o carro bateu. São marcas profundas no início da juventude.

A questão da maconha também preocupa, porque vários estudos ligam seu uso à chance de desenvolver esquizofrenia. Uma pesquisa com 7 milhões de pessoas identificou que pessoas que usam maconha têm cinco vezes mais chance de desenvolver esquizofrenia, uma doença mental grave. Esse estudo foi realizado na Dinamarca e publicado na respeitada revista JAMA Psychiatry. O desenvolvimento de doenças mentais tende a ocorrer em indivíduos que já têm uma predisposição biológica para alteração cerebral. Não há como saber se o uso da maconha pode provocar a esquizofrenia. É uma roleta-russa.

No mundo dos adultos, o MD é uma droga bastante usada para "animar" festas. Às vezes chamada de "bala", é uma droga produzida em laboratório e tem como base, geralmente, a anfetamina. É uma droga perigosa porque pode provocar arritmia mesmo em jovens. Com o consumo constante acaba havendo tolerância, e o uso é cada vez mais contínuo ou elevado.

A anfetamina aumenta a pressão arterial, causa taquicardia, desidratação e problemas renais. O risco de morte é real. Ela dá uma energia extrema: a pessoa não precisa comer, dormir, beber. Aguenta 24 horas de festa, aguenta *raves* de quatro dias. Os sintomas psicológicos também aparecem: agressividade, alucinação, delírio, ideação suicida ou comportamento homicida. Muitos usam balinha, MD, álcool. Como depois ficam muito agitados, usam remédios para dormir. Combinação muitas vezes fatal.

Espere seu filho ou sua filha chegar da festa e veja como está, converse com ele(a) e veja se percebe alteração de consciência ou de comportamento. Pais, não tenham medo de ser os "chatos que não permitem drogas ou álcool". Educar dá trabalho. Quem não está tendo trabalho não está educando. É muito mais fácil dizer sim para tudo, porque isso evita discussões, explicações. Mas a conta vem. E é cara. Morte prematura, internação psiquiátrica e muitos problemas que podem ser evitados com o controle dos pais.

Quanto aos adultos, risco de vida, acidentes fatais ou com sequelas gravíssimas, relacionamentos ou casamentos destruídos, traição, agressão física. A conta também vem. E não é o tipo de boleto que você vai gostar de pagar.

15

ESSA TAL PSICO-ONCOLOGIA

Já faz muito tempo, mas é uma história que jamais esquecerei. Júlia tinha um câncer de ovário muito grave, em estado metastático, e os médicos oncologistas recomendaram que ela tivesse ajuda de um psicólogo. Júlia não aceitou a ideia. Tinha resistência, falava que não queria fazer terapia, que terapia não servia para nada, que terapia era bobagem. Insistiram: "Como você não gosta de algo que nem conhece? Dê pelo menos uma chance". Ela se deu uma chance. E foi um dos maiores presentes de minha carreira.

A primeira frase que ela me disse foi: "Eu não queria estar aqui, só vim porque me mandaram". Mais do que um desafio, conquistar sua confiança se tornou uma missão importante. Senti uma forte necessidade de ajudá-la. Queria conseguir minimizar seu sofrimento. Empatia é o nome, né? Júlia foi minha paciente por seis anos, até o fim de sua vida. Ela passou a querer a psicoterapia. Gostou e ficou. Desenvolvemos uma relação bonita, um vínculo muito forte. Criamos laços de afeto. E eu sou do tipo que não solta a mão.

Caio, por sua vez, tomou a iniciativa de me procurar. Ele havia sido diagnosticado com câncer no pâncreas, e, por ser médico endocrinologista, sabia exatamente o que estava acontecendo em seu organismo. "Eu sei todos os passos, sei o que está ocorrendo, sei dos sintomas, sei de tudo, mas saber não está ajudando. Às vezes a ignorância é uma bênção", ele me disse.

Câncer no pâncreas costuma ser muito agressivo e se desenvolve de forma rápida. Caio foi um caso atípico, de evolução mais lenta da doença. Nos dois anos em que foi meu paciente, ele conseguiu zerar todas as pendências de sua vida. Seu objetivo era partir em paz. Resolveu problemas familiares e questões com os amigos. Foi um processo difícil, mas muito bonito: é importante quando a pessoa se prepara para morrer. Afinal, a morte é a única certeza da vida, já diz o clichê. Todo ser humano vai morrer um dia. É garantido: a taxa de mortalidade da vida é de 100%.

Fui ao velório de Caio e, na ocasião, diversos familiares vieram me cumprimentar com gratidão. Havia uma sensação de conforto. Eu não salvei a vida dele — ele realmente morreu. Mas, juntos, conseguimos fazer com que ele partisse de forma leve, tranquila, sem sofrimento emocional.

Também tenho muitos pacientes curados. Gente que teve câncer há 10, 15 anos, e hoje leva uma vida completamente normal. Guardo com carinho as lembranças de todos. Alguns prosseguem vindo ao meu consultório e hoje estamos trabalhando outras questões. De outros, acabo tendo notícias esporádicas. E, claro, há aqueles que só deixam mesmo suas histórias marcadas na minha — espero que seja vice-versa. Nunca mais soube do Giacomo, por exemplo.

Era um italiano que morava no interior de Minas Gerais e, diagnosticado com câncer, fazia tratamento em São Paulo. Foi operado e não tinha mais sintomas, mas aí me ligaram do hospital perguntando se eu podia ir vê-lo. O motivo: mesmo com a alta médica, ele não queria sair, não queria ir embora.

Logo na primeira conversa, em uma longa sessão que durou três horas, identifiquei nele um quadro depressivo. Giacomo desenvolveu um medo muito grande de sair do hospital, porque ali ele estava a um botãozinho de receber ajuda. Saindo dali, no *flat* que havia alugado em São Paulo, ou mesmo em sua casa, quem iria cuidar dele? Giacomo estava inseguro.

Conversamos muito. Falamos em italiano, trocamos impressões e histórias sobre a Itália, ele cantou músicas de sua infância. Quatro dias depois, quis ter alta. E segui atendendo-o por mais algumas sessões, em seu *flat*. No fim das contas, Giacomo decidiu voltar para a Itália. Por e-mail, até me mandou uma foto sua, em frente à arena de Verona, sua terra natal. Tinha um semblante muito feliz.

Enzo, um rapaz de 26 anos, mostra como a psicologia clínica e a psico-oncologia trabalham juntas e agregam no atendimento ao paciente. A gente não fala só sobre o câncer. Ele estava em um tratamento de câncer colorretal e eu o atendia no hospital. O ambiente ideal de uma sala de psicoterapia não existia. Era no quarto, enfermeiras entravam, o almoço chegava, as conversas eram no tempo que dava, onde dava, exigindo uma capacidade de adaptação para atendê-lo. Mas pude perceber que o fato de ele estar sem cabelo afetou muito sua autoestima, que ele estava num relacionamento abusivo e não tinha coragem de sair. Afinal, quem ia querer alguém doente e careca?

Falávamos do câncer, do tratamento, das esperanças e dos temores, mas também falávamos do relacionamento, de como o câncer estava assumindo sua personalidade e ele estava deixando de ser o Enzo para ser o câncer. Ele está curado, saiu daquele relacionamento, e está noivo de uma mulher maravilhosa.

Câncer sem papas na língua, meu outro livro

Sou autora de um livro sobre psico-oncologia, essa especialidade da psicologia que trata de questões relacionadas aos difíceis e complexos procedimentos oncológicos — e de como o câncer e o tratamento do câncer afetam psicologicamente os pacientes.

Resolvi incluir este capítulo aqui porque se trata de um tema importante que segue sendo parte do meu trabalho. Pessoas com câncer podem se beneficiar muito da psicoterapia, seja para aprender a lidar com a ideia da morte, seja porque são muitas as emoções despertadas por essa condição de saúde.

Muitos conhecem a psicoterapia, mas poucos conhecem a psico--oncologia. Existem diferenças fundamentais entre os dois tipos de terapia. Na psicologia clínica, trabalhamos com psicoterapia, e cada profissional utiliza sua base teórica como instrumento de trabalho — pode ser uma terapia focada em algum tema, mas, geralmente, os assuntos não são específicos, e o processo vai se desenvolvendo ao longo do tempo, com a eliminação dos sintomas e a melhora na qualidade de vida. Em geral, é uma terapia que envolve apenas paciente e profissional.

Já a psico-oncologia se baseia em uma equipe multidisciplinar e compreende também a atenção à família, não apenas ao paciente. Para dar conta desse contexto, precisamos ter conhecimento específico sobre as nuances e as complexidades do tratamento oncológico e a consciência de que, principalmente em casos mais graves, podem haver emergências fora do horário que exijam a presença do psicólogo.

É uma amplitude diferente, que depende de um aprendizado prévio. Hoje sei, por exemplo, que um paciente em quimioterapia não pode comer peixe cru e que, no caso de pessoas em tratamento oncológico, cansaço intenso não é necessariamente depressão — ao mesmo tempo, não podemos negligenciar os casos de depressão, que podem ser recorrentes.

Também é preciso ter sensibilidade para fatos que são inerentes ao tratamento — com a costumeira perda dos cabelos durante o processo. Há uma logística própria do atendimento em si, porque o paciente pode vomitar no meio da sessão, por exemplo. Em outras palavras, para trabalhar com psico-oncologia é preciso estar preparado. Do contrário, pacientes e familiares, em vez de ajudados, serão prejudicados.

A seguir, vou abordar alguns temas muito importantes relacionados ao câncer que não entraram em meu primeiro livro — considere então que se trata de uma atualização, uma ampliação daquele conteúdo. Estou complementando o livro que escrevi sobre câncer porque nele não abordei nem peritônio, nem cabeça e pescoço, tampouco a importância fundamental do cardiologista no tratamento do câncer.

Hipec e Pipac

Expoente no tratamento de diversos tipos de câncer abdominais, o cirurgião oncológico Dr. Arnaldo Urbano Ruiz é diretor do Centro de Carcinomatose Peritoneal e coordenador do Centro de Doenças Peritoneais do Hospital Beneficência Portuguesa. Pedi a ele que esclarecesse o que são Hipec e Pipac, dois termos que designam modalidades de administração da quimioterapia no interior do abdome do paciente.

"Hipec (quimioterapia intraperitoneal hipertérmica) é uma quimioterapia quente aplicada na barriga no final da citorredução." "A citorredução é a retirada de todo o tumor visível dentro da cavidade abdominal." Há uma classificação que indica quanto sobrou ou não da doença. "No final da cirurgia, o paciente recebe a quimioterapia quente na barriga", explicou. "São vários os tipos de quimioterapia que pode ser feita."

Arnaldo comentou que a Hipec "é como se fosse a cereja do bolo, é o *grand finale*, o complemento de uma cirurgia muito bem-feita para que o paciente possa obter a cura ou uma sobrevida mais longa".

Já a Pipac é a colocação de quimioterapia aerossolizada dentro da cavidade abdominal. "Como se fosse um desodorante", comparou o médico. "Basicamente, a Pipac serve em duas situações: primeiro, para paliar, ajudar a controlar a ascite, que é a barriga d'água que muitos pacientes desenvolvem com o avançar da doença; e, em segundo lugar, em casos muito selecionados, para fazer uma diminuição da doença para que o paciente, no futuro, possa ser operado e buscar a tão esperada cura ou sobrevida mais longa."

Câncer peritoneal

Mas o que é o câncer peritoneal, essa especialidade do Dr. Arnaldo? "O peritônio é uma membrana fininha que reveste, por dentro, o abdome das pessoas", esclareceu ele. "Nada mais é do que a parte interna do abdome que reveste as vísceras e os órgãos internos."

"Disseminação ou câncer peritoneal é quando um tumor que nasce em um órgão, por exemplo, no ovário ou no apêndice, se dissemina pelo peritônio", disse-me. "Às vezes o tumor é primário do peritônio. Por exemplo, o mesotelioma e o adenocarcinoma primário de peritônio." Arnaldo enfatizou que todos esses termos técnicos precisam ser esclarecidos caso a caso, nas conversas entre médico, paciente e seus familiares.

"Todo paciente que tem doença peritoneal deve, preferencialmente, ser tratado por médicos que se dedicam a cuidar de pessoas com doenças no peritônio", ressaltou. "Só lembrando, nem tudo é câncer. Já nos deparamos com pacientes que vieram aqui desenganados, com diagnóstico de câncer avançado, mas sem nenhuma biópsia feita. No fim, tratava-se de uma tuberculose peritoneal, ou seja, havia uma falsa ideia de que era câncer."

O médico acrescentou que "sempre que há uma doença no peritônio", é recomendável fazer um exame de biópsia. "Em raros casos, pode ser uma infecção por tuberculose. E isso é facilmente tratado com medicamentos para tuberculose", afirmou.

A dica de ouro é a mesma: em caso de suspeita, sintomas ou dúvidas, deve-se procurar um especialista. "Quando o paciente precisa fazer um transplante de fígado, de coração ou de rim, ele procura médicos especializados em transplante. Não é qualquer cirurgião", comparou. "Doença peritoneal é igual: é importante que o médico seja especialista, porque há muitos pacientes que acabam submetidos a procedimentos que não eram necessários. E isso atrapalha o tratamento correto e definitivo do problema."

Aumento do câncer de intestino

Há uma preocupação, com muita repercussão na mídia, acerca do chamado câncer de cólon ou câncer colorretal — popularmente, câncer de intestino. "De fato, os casos estão aumentando e as pessoas estão desenvolvendo esse câncer de forma mais precoce", confirmou Arnaldo.

A culpa está nos fatores de risco. "Consumo de carne vermelha, sedentarismo, poluição...", enumerou o médico. "Na prática, viver é cancerígeno. Então a gente tem de cultivar os melhores hábitos possíveis para diminuir os riscos de ter um câncer colorretal." Também existe o fator genético. "Há o câncer colorretal hereditário, mas são casos raros", citou ele.

Como psicóloga que acompanha pacientes diagnosticados com câncer, comentei com ele que procedimentos cirúrgicos, como colostomia e ileostomia, mexem com as emoções, os medos e os anseios de muitas pessoas. "São procedimentos que salvam vidas", respondeu ele. "Muitas vezes, os pacientes precisam dessas bolsinhas que servem para fazer cocô. Elas podem ser provisórias ou definitivas, porque sempre existe esse risco."

Cabeça não é só cérebro

Percebo que há uma tendência de as pessoas acharem que cabeça é só cérebro. Esquecemos que entre o cérebro e o tronco temos muita coisa! Por isso, decidi conversar com o Dr. Flavio Hojiaij, médico livre-docente pela Universidade de São Paulo (USP), experiente e renomado cirurgião de cabeça e pescoço.

"Nessa área do corpo, podem ocorrer cânceres em muitos outros locais que não o cérebro. Existe câncer na pele da face, no couro cabeludo, na boca, nas conjuntivas, nos seios paranasais — onde ocorre a sinusite —, nas glândulas salivares, nas glândulas lacrimais, na orelha, no nariz e na cavidade nasal, por exemplo", explicou o médico.

Em 2013 ele operou meu pai, que precisou retirar a tireoide por causa de um câncer. No fim de 2023, prestes a completar 91 anos, meu pai está ótimo. Fica o alerta: câncer de tireoide pode se manifestar com sintomas discretos, uma rouquidão que não parece nada demais. Só que, se não for diagnosticado e extraído, pode evoluir para metástase e matar, como qualquer outro câncer.

"É preciso ficar atento em caso de sintomas, como alteração da voz, dor para deglutir, úlceras orais e nódulos cervicais", pontuou Flavio. Ele me contou que câncer de tireoide é uma doença comum. Pode ser vista em até 60% das pessoas — mas apenas em 1% desses indivíduos ele se desenvolve. "Na maioria das vezes, o sintoma é apenas o nódulo cervical. Ou o tumor é descoberto por um achado de ultrassonografia", ele me disse. "Nem sempre precisamos retirar toda a tireoide. Há casos especiais que podem ser observados."

Atendi recentemente um paciente em meu consultório que precisou ter a língua inteira retirada e reconstruída com um músculo do braço — um trabalho incrível comandado pelo Dr. Flavio. Ele me explicou que nesse tipo de câncer nem sempre é preciso remover a língua toda — varia conforme o tamanho do tumor e o estágio de desenvolvimento. A reconstrução da língua precisa ser feita em casos de grande proporção da remoção. "O paciente precisa ficar por um tempo com traqueostomia e sonda para alimentação", comentou.

E o coração?

Sabia que existe câncer de coração? "Dificilmente ouvimos falar neles, mas, apesar de raros, não são tão infrequentes", comentou o médico cardiologista Dr. Fábio Fernandes, diretor da Unidade Clínica de Miocardiopatias e Doenças da Aorta, do Instituto do Coração (InCor). Conversei com ele para esclarecer várias dúvidas que relacionam os cânceres e o coração.

"Os mais comuns são os tumores benignos que afetam o lado esquerdo do coração, como os mixomas, os rabdomiomas e os fibroelastomas", explicou-me. "Os tumores malignos primários do coração são muito raros."

Fábio acrescentou que esses tumores "podem causar obstrução das válvulas cardíacas tanto da entrada como da saída do coração, além de embolias, arritmias e doenças do pericárdio, que é aquela membrana que envolve o coração". Para diagnosticar é preciso fazer ecocardiograma — o ultrassom do coração — e ressonância do coração. "Esses tumores podem acometer pessoas dos 15 aos 80 anos, sem diferenças entre homens e mulheres", detalhou ele.

"Nos casos benignos, o tratamento é cirúrgico", disse. Os tumores são retirados e a doença é considerada resolvida. Como há risco de que o tumor se desenvolva novamente, é importante manter o acompanhamento com médico cardiologista. "Já nos tumores malignos, não é indicada a cirurgia, pelo prognóstico reservado. E pode ser indicada quimioterapia ou radioterapia paliativa. O transplante cardíaco também não é indicado, porque, nesses casos, pode haver metástase e o resultado não seria satisfatório — haveria risco de piora do quadro", afirmou.

Coração e outros cânceres

Mas também é preciso cuidar do coração no caso de tumores em outras partes do corpo. "Ele pode ser afetado por metástase de câncer em outros órgãos. Os principais são o de pulmão, melanoma, de mama e linfomas", enfatizou Fábio. "A metástase pode ocorrer no músculo do coração ou no pericárdio."

Um fato importante que tem de ser avaliado é o impacto do tratamento oncológico nesse órgão. "A maioria dos medicamentos quimioterápicos pode afetar o coração. São considerados cardiotóxicos", ele me explicou. "A principal consequência dessa toxicidade é a insuficiência cardíaca, isto é, a incapacidade de o coração bombear sangue adequadamente para os órgãos. O medicamento mais associado a essa agressão, de forma irreversível, é a doxorrubicina, muito usada no tratamento de tumores sólidos e neoplasias hematológicas."

É um problema que vem sendo gradualmente resolvido. "Os quimioterápicos mais recentes, como os anticorpos monoclonais e os inibidores da tirosina quinase, também podem ser cardiotóxicos, mas em graus mais leves e reversíveis", exemplificou. "É o caso do trastuzumabe, muito usado no câncer de mama."

"Por isso, é muito importante que todo paciente que faça tratamento por quimioterapia ou radioterapia seja acompanhado por um cardiologista", frisou o médico. "Nesse ponto, ressalta-se a importância da subespecialidade da cardio-oncologia, dedicada à atenção especial para esse tipo de paciente. Os pacientes que já apresentam doenças cardíacas devem ter acompanhamento junto com o oncologista e o cardiologista, e medicamentos quimioterápicos que afetam menos o coração devem ser indicados para o tratamento do câncer."

EPÍLOGO

PARA TODO PROBLEMA HÁ SOLUÇÃO

Quando acordo, não tenho a menor ideia das histórias que meus pacientes vão me trazer naquele dia. Só sei que estarei atenta a cada palavra de suas narrações. Eu também vou sorrir. Também vou ficar triste. Também vou me emocionar, às vezes até chorar. Vou abraçar e ser abraçada. Vou oferecer um lencinho para as lágrimas, vou ter um café para os que não conversam sem uma xícara. Vou olhar nos olhos. Principalmente vou olhar nos olhos.

Neste livro que você acabou de ler, apresentei uma série de situações, problemas e casos que, embora alguns muito particulares, são recorrentes em meu consultório. As páginas anteriores foram um percurso que, se dão uma ideia de minha rotina, também exemplificam as dores e as delícias da psicoterapia. Deste lado de cá da escrita, só posso lhe agradecer: adorei ter sua companhia enquanto falava sobre isso tudo.

Antes de terminar, entretanto, gostaria de comentar mais algumas coisas. A mais importante delas é que existe um preconceito comum em relação à psicoterapia — e você certamente já ouviu isso: a falsa ideia de que é um tratamento longo, que demora anos para surtir algum efeito. Essa é uma imagem obsoleta e não corresponde à realidade contemporânea.

Na psicoterapia cognitivo-comportamental, o processo costuma fluir de forma diferente. É claro que, em alguns assuntos, o paciente se recorda de algo que ocorreu quando ele tinha 5 anos de idade, e isso também é importante — no entanto, o foco acaba sendo maior nos comportamentos e pensamentos presentes.

Ou seja, é fantasiosa essa ideia de que o terapeuta começa a sessão dizendo algo como "e aí, então me conte sobre sua infância" ou "me fale sobre seu pai", "me fale sobre sua mãe". Isso não procede. O paciente até traz muita coisa de seus primeiros anos, porque, afinal, ali muitas memórias se formaram. A terapia, contudo, não parte necessariamente disso. O paciente pode trazer o assunto, mas não é o terapeuta que vai provocar essa questão. Muitas pessoas têm preguiça de fazer terapia porque acham que têm de contar a história de vida do nascimento até o momento presente.

E os resultados começam a aparecer em pouco tempo. É claro que cada um lida de forma diferente. O que tenho visto é que o próprio exercício do autoconhecimento — que não começa nem acaba nas sessões e, sim, permanece latente na cabeça dos pacientes ao longo da semana — já funciona de uma maneira bastante eficiente na melhoria da qualidade de vida das pessoas.

Alexandre, por exemplo, é um rapaz de 21 anos que sempre desmaiava quando precisava tirar sangue. Ele conta que isso vem desde suas mais antigas memórias. Então, na hora dos exames, ele ficava deitado numa maca e já avisava de antemão a enfermeira do laboratório... Só que ele cresceu e, já adulto, começou a sentir muito constrangimento nessas situações. Tentou várias formas para ver se superava esse pavor: olhar para o lado, pensar em outras coisas, ir com os pais, ir com a namorada. Nada dava certo.

Ele buscou terapia. Depois de seis meses de nossas sessões, em que abordamos esta e outras questões com muito tato, agora ele tira sangue tranquilamente, com total autonomia e independência. Não passa mais mal. E digo com total segurança: sintomas curados com psicoterapia não voltam. É uma cura. Isso fica para sempre. Ajustamos a chavinha dele nesse sentido. Mesmo que ele decida parar a terapia, é uma questão que já foi resolvida dentro de sua cabeça. No caso do Alexandre, um problema de quase 22 anos foi solucionado em seis meses. Isso é ótimo.

Compartilho aqui também a história de Sofia, uma paciente de 27 anos que não conseguia fazer sexo com penetração. Ela estava namorando o mesmo homem havia quatro anos, amava o namorado, vivia uma relação muito legal, sem outros problemas, mas não conseguia concluir o ato sexual. Sentia dor. Seu canal vaginal fechava na hora do sexo. No fim, ficava uma situação muito frustrante para ambos.

O afeto era grande, havia muito sentimento envolvido, carinho, amor. E tesão. Só que não rolava. Ela buscou terapia e, quatro meses depois, conseguiu fazer sexo com penetração. Isso já ocorreu há mais de dois anos. Ela segue vindo ao meu consultório, continua com o mesmo parceiro e nunca mais reclamou de qualquer coisa relacionada à vida sexual. Nesse quesito, agora é só prazer!

Vejo isso acontecer com frequência. Pacientes que chegam à primeira consulta bastante céticos, e aí percebem que um problema de anos, um desconforto que parecia sem solução, pode ser resolvido de forma rápida, definitiva e sem medicamento. Isso é incrível.

Helena é uma menina de 16 anos que chegou ao meu consultório com queixa de compulsão alimentar seguida por longos jejuns. Extremamente magra, ela relatou episódios em que chegava a ingerir 10 mil calorias de uma só vez, devorando tudo que tinha na geladeira. Depois sentia-se mal e culpada, chorava e, para compensar, decidia ficar dias sem comer nada. Era sua forma, na sua cabeça, de pagar o preço da ingestão exagerada. Uma forma bem problemática, que chegava a resultar em desmaios na escola.

Quando ela veio até mim, fiz o diagnóstico e recomendei que o caso fosse tratado também por um psiquiatra, com medicamento. Seguimos nas sessões e, nove meses depois, ela passou a não ter mais nenhum episódio de compulsão alimentar.

A mãe me agradeceu inúmeras vezes, emocionada. Diz que a mudança vivida pela filha é um milagre. Fico satisfeita com o elogio, óbvio. Mas sou obrigada a explicar que de milagre não tem nada: é ciência. Estudei cinco anos na universidade para aprender isso. E sigo estudando e me preparando ao longo de toda a carreira. O processo terapêutico é isso: resultado de anos ininterruptos de estudos, apoiados em pesquisas científicas que começaram muitas décadas atrás e seguem sendo aprimoradas.

O vínculo criado entre paciente e psicólogo é muito forte, intenso. Há muito amor envolvido. Tanto que são inúmeros os casos daqueles que terminam o tratamento, resolvem as questões específicas, e depois querem continuar de forma mais esporádica, seja com sessões quinzenais ou mensais, seja me procurando quando estão diante de um grande desafio ou algo do tipo. E eu percebo que essa conexão permanece intacta.

Alice, de 25 anos, é uma antiga paciente que me procurou para tratar um problema alimentar anos atrás. Resolvemos a questão e ela está muito bem, seguindo a vida dela. Um dia ela me contou que estava de mudança para Roma. Nunca mais havíamos conversado.

Então, em 2023, enquanto terminava este livro, precisei viajar para a Itália e retomamos o contato. Para matar a saudade, marcamos um jantar e foi tudo incrível — conversamos tanto que parecia que havíamos nos visto na semana anterior. Ambas nos emocionamos com o reencontro. E não pude deixar de notar, à mesa com ela, que seus problemas alimentares foram muito bem resolvidos.

Fico muito satisfeita quando vejo o resultado — seria uma profissional extremamente frustrada se meu trabalho fosse em vão. Conversar, bater papo e não resolver não é trabalho. Meu trabalho é mergulhar nas questões que levam aos comportamentos que estão atrapalhando a vida das pessoas. E não mergulho sozinha — mergulho de mãos dadas com cada paciente. É um processo de autoconhecimento, ou seja, o psicólogo dá o caminho, aponta as direções. Os passos têm de ser dados pelo paciente. Por isso, é preciso que a pessoa queira fazer psicoterapia — ninguém pode ser obrigado a isso.

Quando percebo que não há ânimo do outro lado, sou obrigada a enfatizar isso. Às vezes, não é o momento para aquela pessoa fazer terapia; às vezes, é o caso de buscar outro profissional. É melhor deixar isso claro para evitar frustrações de ambos os lados. As mudanças e melhoras acontecem — e não demoram — quando profissional e paciente estão disponíveis e dispostos. Aí funciona bem.

Autocuidado é importante

Já ouvi muito essa pergunta: psicólogo também faz terapia? Sim, claro! E para explicar o motivo, vou usar uma analogia da qual me lembro todas as vezes em que estou dentro de um avião.

Você já deve ter reparado que, naquelas instruções obrigatórias de segurança, os comissários enfatizam que, em caso de despressurização da cabine, quando máscaras caem sobre o colo, é preciso primeiramente colocar a sua, para só depois ajudar alguém que não consiga se virar sozinho, como uma criança, um idoso ou uma pessoa com deficiência.

Eles reforçam isso por um motivo simples: se você pensar em ajudar primeiro a criança que está ao lado, talvez não dê tempo e você pode desmaiar. Aí a criança não vai conseguir colocar a máscara sozinha. E os dois vão morrer.

Esse exemplo do avião é muito bom. E vale o mesmo para todo o resto: autocuidado é importante. Se a pessoa não se colocar como prioridade, ela não consegue ajudar ninguém. Não confunda com egoísmo. É sabedoria. Se você quer dar o seu melhor, tem de começar a se colocar em primeiro lugar. Exatamente isso: acima de seu parceiro, dos filhos, do chefe, dos amigos, da família, do cão, do gato, do amigo imaginário.

Cada um é protagonista de sua própria vida. Não há ninguém que se beneficie do fato de você ficar em segundo lugar. Precisamos nos sentir bem, conhecer nossos próprios limites e o que podemos oferecer, para sermos capaz de ajudar os outros. Por isso, é fundamental que todo psicólogo também faça terapia.

Relações de amor

Um psicólogo é uma pessoa normal. Eu sou uma pessoa normal, o que significa que também tenho meus altos e baixos, dias lindos e outros nem tanto. Não faz sol todas as manhãs, não é mesmo?

Quando tenho uma jornada mais complicada, naquelas horas que parece que não estou aguentando mais, atendendo a casos pesadíssimos que esgotam minha energia, gosto de ler um texto escrito por uma paciente. Ela publicou em uma rede social no dia do meu aniversário. Vou encerrar o livro com ele:

> *Hoje é aniversário do presente que Deus me deu. Que começou sendo minha terapeuta e hoje não sei ao certo o que ela representa em minha vida.*
>
> *Construímos uma relação de amor, confiança, respeito, carinho... Ela cuidou do meu coração, da minha alma quando nem eu mesma sabia qual rumo tomar. E, se quer saber, ela não*

traçou nenhuma rota, apenas me ajudou a achar o caminho que estava dentro de mim. Descobri as respostas.

Engraçado que, quando amamos alguém, nos apegamos a detalhes, o cheiro da sala, o abraço que passa aquela sensação de que eu vou ter força para enfrentar o mundo. Todas as pessoas tinham que ter um pouquinho de você na vida.

Ela nasceu para exercer a função de acolher as pessoas, de ouvir os dias tristes, de sentir a nossa dor. E também de comemorar as nossas vitórias.

Mari tem o meu amor, tem o carinho da minha mãe, do meu marido, das minhas filhas... E se metade das pessoas soubesse o quanto é importante cuidar da saúde mental, talvez o mundo estivesse menos doente.

O caminho a ser traçado só você vai percorrer. E se você tiver alguém ao seu lado, segurando a sua mão, acalmando o seu coração, até os dias mais chuvosos podem ser enfrentados sem marcas. Você vai sentir a chuva, só que não vai ficar doente.

Não tenha medo de ter um psicólogo, um terapeuta, um psiquiatra. Tenha medo de não se cuidar. Tenha medo de adoecer a sua alma.

As dores da vida são aprendizados, mas não podemos torná-las traumas.

Então, eu desejo que você encontre uma psicóloga como eu encontrei a Mari.

E a ela desejo muitos anos de vida, para que possamos ainda sentar na sua sala com aquele cheiro que só tem lá, na poltrona que já deitei tantas vezes pensando que ali estava protegida do mundo. Que você esteja sempre ao meu lado e que eu esteja ao seu, para podermos dividir a vida.

Desejo-lhe saúde, paz, amor, prosperidade, proteção. Você mora dentro do meu coração. Muito obrigada por me ajudar a evoluir e procurar ser uma pessoa melhor. E passar pelos problemas sem que eles me deixem traumas.

Te amo, Mari!

A vida vale a pena. Ser psicóloga vale a pena. Meus pacientes não são apenas clientes. Com eles, todos os dias construo relações de amor.